Proyecto de inteligencia artificial y *big data*

Yolanda López Benítez

ic editorial

Proyecto de inteligencia artificial y *big data*
© Yolanda López Benítez

1ª Edición

© IC Editorial, 2025

Editado por: IC Editorial
c/ Cueva de Viera, 2, Local 3
Centro Negocios CADI
29200 Antequera (Málaga)
Teléfono: 952 70 60 04
Fax: 952 84 55 03
Correo electrónico: iceditorial@iceditorial.com
Internet: www.iceditorial.com

ISBN: 978-84-1184-991-3
Depósito Legal: MA 1179-2025

Impresión: PODiPrint
Impreso en Andalucía – España

Nota de la editorial: IC Editorial pertenece a Innovación y Cualificación S. L.

Índice

OBJETIVOS GENERALES

Los objetivos generales de **Proyecto de inteligencia artificial y *big data*** son los siguientes:

- ⮑ Conocer las principales características de la inteligencia artificial en entornos de cobertura 5G y elaborar proyectos IA y *big data* en dicho entorno.
- ⮑ Aplicar herramientas de inteligencia artificial para la generación de código y mejorar la implementación y uso de sistemas basados en conocimiento en distintos contextos y dominios.
- ⮑ Realizar proyectos de inteligencia artificial y *big data* sobre tecnologías aplicables en entornos de cobertura 5G.

Caracterización de inteligencia artificial en entornos de cobertura 5G

Contenido

1. Introducción
2. Caracterización de la inteligencia artificial en entornos de cobertura 5G
3. Resumen

→ Seleccionar técnicas de minería de datos para obtener *insights* que permitan a las empresas guiar decisiones estratégicas.

→ Distinguir los tipos de gráficas interactivas que ofrecen los modelos de aprendizaje automático, conociendo el funcionamiento de los componentes de Orange como plataformas de *machine learning*.

→ Crear flujos de trabajo en *Orange,* interactuando con los elementos que forman parte de la caja de herramientas de esta plataforma.

Objetivos

El objetivo general de esta Unidad de Aprendizaje es:

→ Aplicar herramientas de inteligencia artificial para la generación de código y mejorar la implementación y uso de sistemas basados en conocimiento en distintos contextos y dominios.

Los objetivos específicos de esta Unidad de Aprendizaje son:

→ Distinguir los tipos de sistemas basados en conocimiento para maximizar su efectividad, eficiencia y aplicabilidad en diversos contextos y dominios.

→ Generar código utilizando herramientas de IA.

→ Preparar un modelo de *machine learning* para ser entrenado, creando un flujo de trabajo en la plataforma de *Orange* con árboles de clasificación.

→ Aplicar los algoritmos de inteligencia artificial desarrollados a casos de IOT y ciudades inteligentes.

→ Gestionar la resolución de incidencias, conflictos y problemas durante la integración de la IA en plataformas de terceros, páginas web y RR. SS.

→ Seleccionar técnicas de minería de datos para obtener *insights* que permitan guiar decisiones estratégicas.

1. Introducción

En el mundo actual, la convergencia de tecnologías como la inteligencia artificial, el *big data* y el 5G está transformando radicalmente la forma en que interactuamos con la información y el entorno que nos rodea. En este contexto, el manejo y la aplicación responsable de programas y algoritmos de inteligencia artificial se vuelven fundamentales para garantizar resultados efectivos y éticos.

Esta unidad tiene como objetivo dotar al alumnado de las habilidades necesarias para desenvolverse con cierta soltura en el campo de la tecnología, a fin de poder participar en el desarrollo de un proyecto de inteligencia artificial y *big data*.

Para facilitar la adquisición de conocimientos sobre la temática tratada, nos basaremos en la experiencia de un equipo de trabajo formado por un grupo de amigos que están poniendo en marcha su propio proyecto de emprendimiento. Ahora, estos jóvenes se enfrentan al reto de aplicar todo lo aprendido para desarrollar un proyecto basado en inteligencia artificial alimentada por *big data*.

2. Caracterización de la inteligencia artificial en entornos de cobertura 5G

👉 **HILO CONDUCTOR**

Marta, Carlos, Ana y Luis se dieron cuenta de que, para maximizar el potencial de su aplicación de realidad virtual, necesitarían implementar inteligencia artificial en entornos de cobertura 5G. La IA en 5G permite procesar datos de manera más rápida y eficiente, ofreciendo latencia ultrabaja y conectividad masiva. Esto les permitiría ofrecer experiencias de realidad virtual más inmersivas y personalizadas, analizando los datos en tiempo real y reaccionando ante ellos.

La inteligencia artificial ha revolucionado numerosos aspectos de la vida de las personas, desde la forma en que interactúan con la tecnología hasta cómo abordan problemas complejos, por ejemplo, en campos como la medicina, la investigación científica o la industria de cualquier sector.

En el corazón de muchos sistemas de inteligencia a artificial se encuentra el concepto de ***machine learning*** o **aprendizaje automático,** una rama de la inteligencia artificial que permite a las máquinas aprender y mejorar automáticamente a partir de datos y experiencias.

Machine learning es un subcampo de la inteligencia artificial que se centra en el desarrollo de algoritmos y modelo que permiten a las máquinas aprender patrones y tomar decisiones con poca o ninguna intervención humana. Estos algoritmos se entrenan utilizando conjuntos de datos para realizar tareas específicas, como pueden ser la clasificación, la regresión o el clustering, entre otras muchas más.

2.1. Tipos de algoritmos de inteligencia artificial

Entre los **tipos de algoritmos de inteligencia artificial** podemos encontrarnos con los siguientes:

IA basada en reglas
Este tipo de IA utiliza reglas lógicas definidas por personas expertas para tomar decisiones. Los sistemas basados en reglas son altamente deterministas y no aprenden de los datos.

Aprendizaje supervisado
En el aprendizaje supervisado, los algoritmos se entrenan utilizando datos etiquetados, es decir, datos que tienen una entrada y una salida conocidas. El objetivo es aprender una función que mapee las entradas a las salidas. Un típico ejemplo es la clasificación de correos electrónicos que permite dirigirlos a la bandeja de entrada o bien a la bandeja de *spam*.

Continúa en página siguiente >>

<< Viene de página anterior

Aprendizaje no supervisado

En el aprendizaje no supervisado, los algoritmos se entrenan utilizando datos no etiquetados, lo cual significa que el sistema debe encontrar patrones o estructuras inherentes en los datos sin ningún tipo de guía. Un ejemplo sería la segmentación de clientes en grupos basados en comportamientos de compra.

Aprendizaje por refuerzo

En el aprendizaje por refuerzo, los algoritmos aprenden a través de la interacción con un entorno. El sistema recibe retroalimentación en forma de premios, o recompensas o bien castigos o penalizaciones según las acciones que realiza. Por ejemplo, el entrenamiento de agentes de inteligencia artificial para jugar juegos populares como el ajedrez.

APLICACIÓN PRÁCTICA

La inteligencia artificial es una rama de la informática que busca desarrollar sistemas capaces de realizar tareas que normalmente requieren inteligencia humana. Existen diversos tipos de IA, cada uno con sus características y métodos de aprendizaje específicos. Comprender las diferencias entre estos tipos es esencial para aplicar la IA de manera efectiva en distintos contextos. ¿Qué tipo de inteligencia artificial utiliza datos etiquetados para entrenar sus algoritmos?

Solución

El aprendizaje supervisado es una técnica de inteligencia artificial que se basa en el uso de datos etiquetados, es decir, datos que tienen una entrada y una salida conocidas. Los algoritmos en este tipo de aprendizaje buscan aprender una función que mapee las entradas a las salidas, permitiendo al sistema hacer predicciones precisas sobre nuevos datos.

Algoritmos de aprendizaje supervisado

Algunos ejemplos de algoritmos supervisados son:

Regresión lineal
Predice valores continuos ajustando una línea recta a los datos.

Regresión logística
Clasifica datos binarios utilizando una curva sigmoidea.

Árboles de decisión
Realiza decisiones secuenciales basadas en preguntas "Sí" o "No".

Bosques aleatorios
Combina múltiples árboles de decisión para mejorar la precisión
y reducir el sobreajuste.

Máquinas de vectores de soporte (SVM)
Encuentra el hiperplano óptimo que separa las clases de datos.

IMPORTANTE

Los algoritmos de aprendizaje supervisado buscan una predicción de valores continuos que recibe el nombre de **regresión,** o bien el ordenamiento de categorías entendida como **clasificación.**

Regresión lineal

La **regresión lineal** (*linear regression*) es un algoritmo de aprendizaje supervisado utilizado para modelar la relación entre una variable dependiente continua y una o más variables independientes, asumiendo una relación lineal entre ellas. Un buen ejemplo de uso sería la predicción del precio de una casa en función de sus características. Estas características pueden ser el tamaño, el número de habitaciones y la ubicación de la vivienda.

Por ejemplo, al implementar una regresión lineal es posible predecir los precios de una vivienda utilizando un conjunto de datos determinado.

Observa la imagen que viene a continuación y reflexiona sobre esta cuestión: ¿cómo podrías evaluar el desempeño del modelo de regresión lineal atendiendo al resultado proporcionado? Más adelante tendrás una respuesta a esta cuestión.

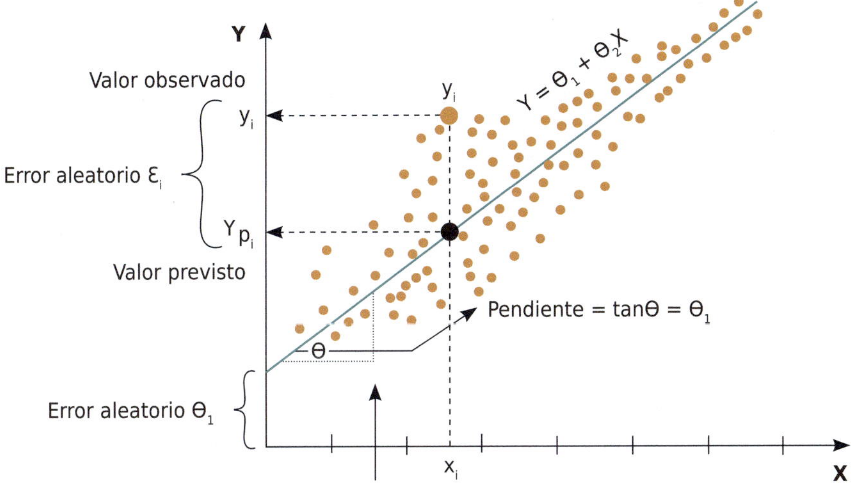

Para evaluar el desempeño de un modelo de regresión lineal, es muy común utilizar métricas de evaluación que proporcionen una medida cuantitativa de cómo de bien se ajusta el modelo a los datos. Estas métricas son las siguientes:

Error cuadrático medio (ECM)
Predice valores continuos ajustando una línea recta a los datos.

Coeficiente de determinación (R^2)
Es una medida de cuánta variabilidad en la variable dependiente es explicada por el modelo. Un valor de R^2 más cercano a 1 indica un mejor ajuste del modelo.

Error absoluto medio (EAM)
Mide el promedio de los errores absolutos entre las predicciones del modelo y los valores reales. Es útil cuando se desea interpretar el error en la misma escala que la variable dependiente.

Gráficos de residuos
Pueden proporcionar información sobre la distribución de los errores del modelo. Los residuos deben distribuirse aleatoriamente alrededor de cero y no debería haber patrones evidentes en los gráficos.

Además de las métricas numéricas, los gráficos proporcionan una buena visión del desempeño de un modelo. Por ejemplo:

- **Gráfico de dispersión** *(scatter plot).* Comparar los valores reales con los valores predichos en un gráfico de dispersión. Una línea de referencia diagonal (y=x) puede ayudar a visualizar cómo de cerca están los valores predichos de los valores reales.
- ***Residual plot.*** Un gráfico de los residuos (errores) frente a los valores predichos. Esto ayuda a identificar patrones sistemáticos en los residuos, lo cual podría indicar problemas con el modelo, como heterocedasticidad o relaciones no lineales.

NOTA

Una vez que el modelo ha sido entrenado y evaluado en el conjunto de entrenamiento, es crucial evaluar su desempeño en el conjunto de prueba para asegurar que el modelo generaliza bien a datos no vistos.

Al analizar el resultado de un modelo de regresión lineal, es importante considerar las métricas y gráficos para evaluar su desempeño y determinar si el modelo se ajusta adecuadamente a los datos, por ejemplo, al precio de una vivienda. Si las métricas indican un buen ajuste y los gráficos de residuos muestran un patrón aleatorio, entonces podemos tener confianza en la capacidad del modelo para hacer predicciones precisas sobre precios de viviendas.

Con un gráfico de predicciones frente a un gráfico de valores reales:

El **eje x** representa los **valores reales de la variable dependiente** (en este caso, los precios reales de las viviendas).

El **eje y** representa las **predicciones del modelo de regresión lineal.**

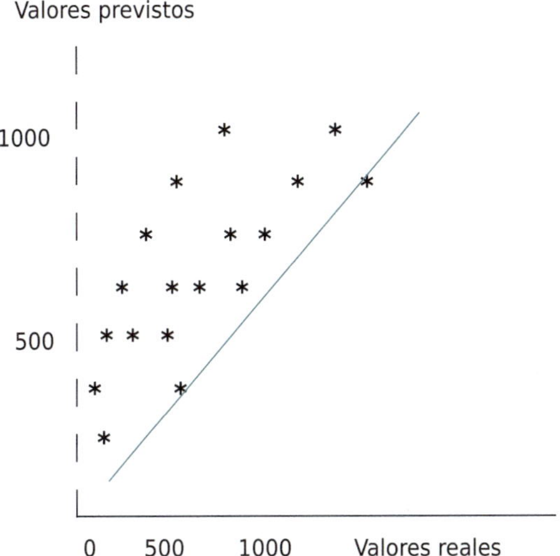

Cada punto en el gráfico representa una observación en el conjunto de datos. Idealmente, los puntos se distribuirían a lo largo de una línea diagonal, lo que indicaría que las predicciones del modelo están en línea con los valores reales.

 **NOTA**

Con un **gráfico de residuos,** se muestra la diferencia entre las predicciones del modelo y los valores reales, en función de los valores reales.

- Los **residuos** se representan en el **eje y,** mientras que los **valores reales** se representan en el **eje x.**

Idealmente, los residuos estarían distribuidos aleatoriamente alrededor de cero sin mostrar ningún patrón discernible. Esto indicaría que el modelo no tiene sesgos sistemáticos y que está capturando adecuadamente la variabilidad en los datos.

Estos gráficos proporcionan una forma visual de evaluar el desempeño del modelo de regresión lineal. Suelen ser de mucha ayuda para identificar problemas como sesgos, **heterocedasticidad** o relaciones no lineales entre las variables.

En el contexto del precio de la vivienda, la heterocedasticidad hace referencia a la situación en la que la variabilidad de los errores de un modelo de regresión lineal no es constante a lo largo de los diferentes niveles de la variable independiente, como podría ser el tamaño de la vivienda.

NOTA

Considerando el tamaño de la vivienda en metros cuadrados como variable independiente para predecir el precio de la vivienda, si la heterocedasticidad está presente, significa que los errores de predicción pueden variar en diferentes rangos de tamaños de viviendas. Por ejemplo, se podría observar que las predicciones tienden a ser más precisas para viviendas pequeñas, pero mucho menos para aquellas viviendas más grandes, lo cual indicaría una heterocedasticidad en el modelo de regresión lineal. Esto dificultaría la interpretación de los resultados y por tanto, la precisión de las predicciones del modelo.

Regresión logística

La **regresión logística** *(logistic regression)* es un algoritmo de clasificación utilizado para predecir la probabilidad de que una observación pertenezca a una clase particular; es decir, se utiliza para problemas de clasificación binaria. Una muestra de uso es el típico ejemplo de la predicción de si un correo electrónico es un correo no deseado *(spam)* o no lo es, en función de sus características, como la frecuencia de aparición de ciertas palabras clave; o bien la predicción de si un cliente realizará una compra o por el contrario desistirá.

Compra del producto | Sí o No

APLICACIÓN PRÁCTICA

En el ámbito del aprendizaje automático, los algoritmos de clasificación juegan un papel fundamental, al permitir que los sistemas predigan a qué categoría pertenece una observación. Uno de los algoritmos más comunes para problemas de clasificación binaria es la regresión logística. Este algoritmo se utiliza para predecir la probabilidad de que una observación pertenezca a una clase específica, haciendo uso de características relevantes del conjunto de datos. ¿Cuál de los siguientes enunciados describe correctamente la función de la regresión logística?

a. **Un algoritmo utilizado para predecir valores continuos basados en variables independientes.**
b. **Un método de agrupamiento de datos no etiquetados en diferentes grupos.**
c. **Un algoritmo de clasificación que predice la probabilidad de que una observación pertenezca a una clase particular en problemas de clasificación binaria.**
d. **Un algoritmo que aprende a través de la interacción con un entorno, recibiendo recompensas o penalizaciones.**

Solución

La regresión logística es un algoritmo de clasificación diseñado para predecir la probabilidad de que una observación pertenezca a una clase específica en problemas de clasificación binaria. Esto significa que puede determinar si un correo electrónico es deseado o, por el contrario, es un *spam;* o si un cliente realizará una compra, basándose en ciertas características. A diferencia de los métodos de regresión lineal, que predicen valores continuos, la regresión logística se centra en clasificar datos en una de dos categorías posibles. No debe confundirse con métodos de agrupamiento, que trabajan con datos no etiquetados, ni con el aprendizaje por refuerzo, que implica la interacción continua con un entorno y la recepción de recompensas o penalizaciones.

- -

Árboles de decisión

Los **árboles de decisión** (*decisión trees*) se definen como un algoritmo de aprendizaje supervisado utilizado para la clasificación y la regresión. Este algoritmo crea un árbol de decisiones que divide el conjunto de datos en subconjuntos más pequeños basados en características específicas.

Árbol de decisión

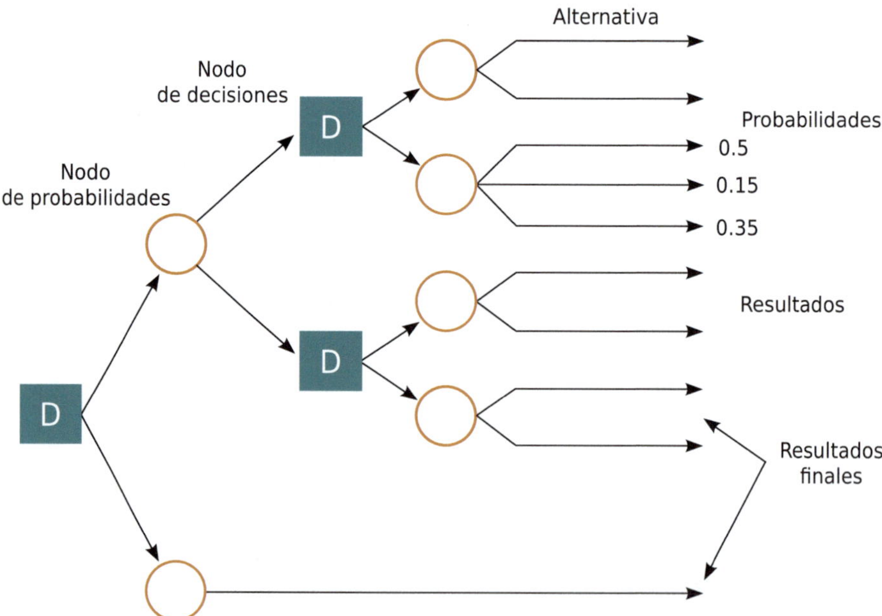

Los árboles de decisión son intuitivos y fáciles de interpretar. Un ejemplo de uso es la clasificación de clientes en grupos de riesgo para la concesión de préstamos bancarios basados en su historial crediticio y otras características.

Los modelos de aprendizaje automático con árbol de decisión utilizan una estructura en forma de árbol para tomar decisiones basadas en múltiples características.

Representación de la estructura de un árbol de decisión

Un árbol de decisión cuenta con una estructura particular compuesta por los siguientes elementos:

- **Nodos.** Los nodos son puntos de división en el árbol donde se realizan decisiones basadas en el valor de una característica específica. Hay dos tipos de nodos en un árbol de decisión:

  - Los **nodos de decisión,** que representan preguntas sobre características y se dividen en ramas.
  - Los **nodos hojas,** que representan resultados finales, como una clase de predicción en un problema de clasificación o un valor numérico en un problema de regresión.

- **Ramificaciones.** Las ramificaciones conectan los nodos en el árbol y representan los posibles resultados de una decisión.
- **Raíz.** Es el nodo superior del árbol, desde donde comienza el proceso de toma de decisiones.
- **Subárboles.** Son árboles completos que se originan en un nodo de decisión y sus descendientes.

A continuación, contextualizaremos el uso práctico de un árbol de decisión para comprender mejor su funcionamiento.

Construimos un árbol de decisión para predecir si un cliente realizará una compra basada en su historial de compras en un comercio *online*. Podemos utilizar las siguientes características como criterios de división en nuestro árbol:

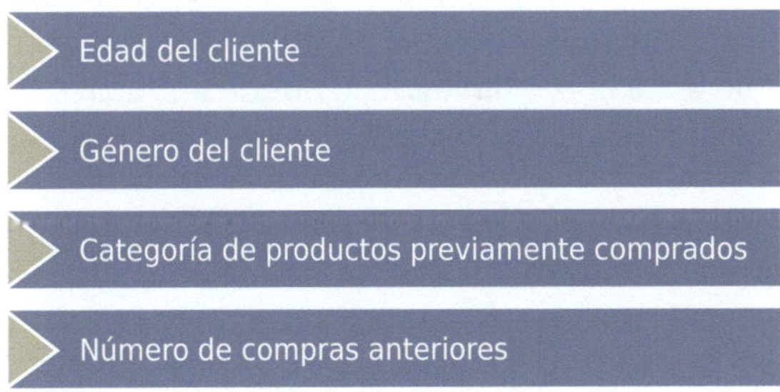

Este árbol de decisión podría tener la siguiente estructura:

Ejemplo de árbol de decisión

[Edad del cliente <=35]

[(Comprará (SÍ)]   [(Comprará (No)]

[Número de compras <= 2]   [Género masculino]

[(Comprará (SÍ)]   [(Comprará (No)]   [(Comprará (SÍ)]   [(Comprará (No)]

Con esta muestra se puede observar lo siguiente:

1. La raíz del árbol es una pregunta sobre la edad del cliente.
2. Cada nodo de decisión posterior es una pregunta sobre una característica específica.
3. Las ramas representan las posibles respuestas a cada pregunta.
4. Los nodos hoja representan la decisión final: si el cliente comprará o no.

Los árboles de decisión son propensos al **sobreajuste.** Esta es una situación en la que el modelo se ajusta demasiado, bien a los datos de entrenamiento o capturando el ruido y las fluctuaciones aleatorias en lugar de la relación subyacente entre las variables. Esto puede traducirse en un rendimiento deficiente del modelo al hacer predicciones sobre nuevos datos.

Para manejar los sobreajustes en los árboles de decisión, es posible emplear las siguientes técnicas:

- **Limitar la profundidad del árbol.** Con la limitación de la profundidad del árbol es posible evitar que el modelo se vuelva demasiado complejo y se ajuste demasiado a los datos de entretenimiento. Esto es posible estableciendo un límite máximo en la profundidad del árbol o el número máximo de nodos hoja.
- **La poda.** La poda o *pruning* es una técnica que implica eliminar partes del árbol que no son informativas o que pueden causar sobreajuste. Esto se hace al podar ramas del árbol que no mejoran significativamente la precisión del modelo en un conjunto de datos de validación.

- **Utilizar un mínimo de ejemplos por hoja.** Establecer un mínimo de ejemplos requeridos en cada hoja del árbol puede evitar que creen hojas con muy pocos ejemplos, lo cual conduciría a un sobreajuste.
- ***Random forests.*** Utilizar un ensamble de árboles de decisión, como *random forests,* ayudaría a mitigar el sobreajuste, al promediar las predicciones de múltiples árboles entrenados en diferentes subconjuntos de datos. Esto reduce la sensibilidad del modelo a la variabilidad en los datos de entrenamiento y permite mejorar su capacidad de generalización a nuevos datos.

Bosques aleatorios

Un **bosque aleatorio o *random forest*** es un algoritmo de aprendizaje supervisado que utiliza múltiples árboles de decisión para realizar predicciones. Cada árbol en el bosque vota por la clasificación más popular.

Un ejemplo de uso es la predicción de la demanda de productos en función de factores como el precio, la temporada y la publicidad.

Representación de bosque aleatorio

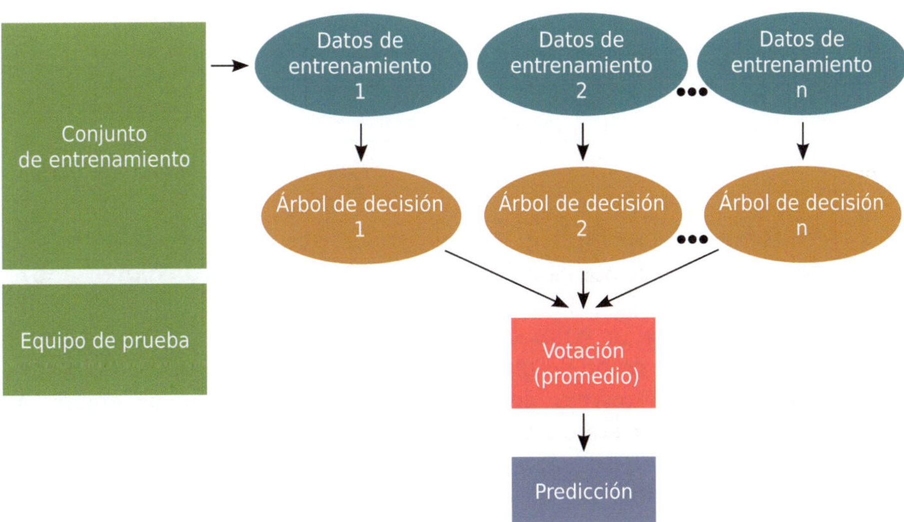

Máquina de vectores de soporte

La **máquina de vectores de soporte** (*support vector machines* o **SVM**) es un algoritmo de aprendizaje supervisado utilizado para clasificación y regresión. Es capaz de encontrar el hiperplano que mejor separa las clases en el espacio de características. Un ejemplo de uso es la detección de fraude en transacciones financieras basada en características como el monto, la ubicación y el historial del cliente.

El SVM funciona de la siguiente manera: tienes un conjunto de datos donde cada transacción está representada como un punto en un espacio multidimensional, y donde cada dimensión corresponde a una de las características que estás considerando.

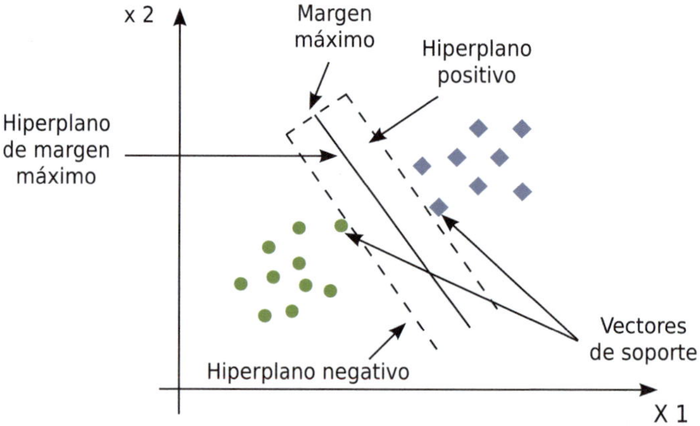

El SVM busca un hiperplano en este espacio que mejor separe las transacciones legítimas de aquellas fraudulentas. Pero, **¿qué es un hiperplano?**

Puedes pensar en un hiperplano como una línea en un espacio de dos dimensiones, o un plano en un espacio de tres dimensiones. En un espacio de características más alto, como el que se muestra en el gráfico anterior, **un hiperplano es una superficie que divide el espacio en dos regiones.** Por ejemplo, en el caso de transacciones bancarias, este hiperplano sería como una barrera invisible que intenta separar las transacciones legítimas de las fraudulentas.

El SVM busca este hiperplano de tal manera que maximice la distancia entre las transacciones más cercanas de cada clase, lo que se conoce como "margen". Esto ayuda a garantizar que el hiperplano tenga una buena capacidad de generalización y pueda clasificar correctamente nuevas transacciones.

Siguiendo con el ejemplo de las transacciones financieras, una vez que el SVM ha encontrado este hiperplano óptimo, es posible clasificar nuevas operaciones según en qué lado del hiperplano caigan. Si una nueva transacción cae en el lado de las transacciones fraudulentas, es más probable que sea marcada como sospechosa y se requiera una revisión del cliente.

ACTIVIDAD COMPLEMENTARIA

1. Investiga y argumenta con tus propias palabras cómo los árboles de decisión, una técnica popular en el aprendizaje automático, pueden abordar el problema del sobreajuste. En tu respuesta, considera aspectos como la poda, la profundidad del árbol y cualquier otra técnica relevante que hayas encontrado durante tu búsqueda que pueda sumar valor a lo estudiado.

Algoritmos de aprendizaje no supervisado

Algunos ejemplos representativos de algoritmos no supervisados son:

K-nearest neighbors (KNN)
Clasifica nuevos puntos basándose en la mayoría de sus vecinos más cercanos.

Naive Bayes
Clasifica datos usando probabilidades basadas en la independencia de características.

K-means clustering
Agrupa datos en k clúster basándose en la proximidad a los centroides.

Análisis de componentes principales (PCA)
Reduce la dimensionalidad de los datos, manteniendo las variaciones más importantes.

Gradient boosting machines (GBM)
Mejora las predicciones construyendo secuencialmente modelos que corrigen errores anteriores.

IMPORTANTE

Los algoritmos de aprendizaje no supervisado buscan identificar grupos o patrones en los datos, reducir la dimensionalidad y detectar anomalías, entre otras cuestiones.

K-nearest neighbors (KNN)

El algoritmo ***K-nearest neighbors,*** conocido con las siglas KNN, se basa en la idea de que las muestras con características similares tienden a pertenecer a la misma clase. Funciona de manera bastante simple:

- **Paso 1.** En el primer paso del proceso, el algoritmo se encuentra con un conjunto de datos inicial. En este conjunto, cada punto representa una muestra en un espacio de características. Los puntos de color negro pertenecen a la clase A y los de color blanco pertenecen a la clase B.

Conjunto de datos: clase A y clase B	
Clase A	**Clase B**
▲	○
●	○
▲	○
● ●	○ ○
●	

Los triángulos indican la clase original a la que pertenece cada punto, ya sea clase A o clase B.

- **Paso 2.** Dentro del conjunto aparece un círculo (señalado de color verde). El algoritmo tendrá que clasificar este punto nuevo como de **clase A** o **clase B.**

Conjunto de datos: clase A y clase B	
Clase A	**Clase B**
▲	○

Continúa en página siguiente >>

<< Viene de página anterior

Conjunto de datos: clase A y clase B	
Clase A	**Clase B**
●	○
● ●	○
●	● ○ ○

➲ **Paso 3.** El algoritmo busca las k muestras más cercanas al nuevo punto (verde ahora representado de color gris). En este caso, supongamos que las k muestras más cercanas son tres de la **clase A (puntos negros)** y dos de la **clase B (puntos blancos)**.

Conjunto de datos: clase A y clase B	
Clase A	**Clase B**
▲	○
●	○
▲	○
● ●	● ○ ○
●	

Los triángulos representan las clases originales (clase A y clase B) y el círculo gris representa el nuevo punto que queremos clasificar. Este inicialmente estaba representado en verde y ahora se representa de color gris, para indicar que es el punto que estamos tratando de clasificar usando el algoritmo KNN. Después de que se encuentran los vecinos más cercanos y se clasifica el punto, se puede representar en el color de la clase a la que se ha asignado.

➲ **Paso 4.** Finalmente, el algoritmo clasifica el nuevo punto según la clase que sea más común entre sus k vecinos más cercanos. En este caso, como dos de los tres vecinos más cercanos son de la clase A, el nuevo punto se clasificaría como clase A.

Conjunto de datos: clase A y clase B	
Clase A	**Clase B**
▲	○
●	○
▲	○
● ●	● ○ ○
●	

A través de este ejemplo simplificado del proceso de clasificación utilizando el algoritmo KNN, puedes comprobar que el nuevo punto se clasifica según la clase mayoritaria entre sus vecinos más cercanos en el espacio de características.

Para entender mejor cómo funciona KNN, piensa ahora que estás tratando de clasificar una nueva fruta en función de su color y su tamaño.

1
Partes de un conjunto de datos que contiene diferentes frutas, cada fruta etiquetada como manzana, naranja o plátano, junto con su color y tamaño.

2
Cuando llega una nueva fruta y quieres saber a qué clase pertenece, el algoritmo KNN busca las k frutas más cercanas en términos de color y tamaño.

3
Si la mayoría de las k frutas más cercanas son manzanas, entonces se clasifica la nueva fruta como una manzana.

Si la nueva fruta que quieres clasificar cae cerca de otras manzanas en este espacio (es decir, tiene un tamaño y color similares a las manzanas en tus datos), entonces es probable que también sea una manzana según el algoritmo KNN.

En este conjunto de datos, los puntos representan diferentes frutas:

⊃ Los círculos (●) representan manzanas.
⊃ Los círculos con rayas (○) representan naranjas.

⇒ Los cuadrados (□) representan plátanos.

Conjunto de datos:

Manzanas	Naranjas	Plátanos
●	○	□
●	○	□
●	○	□
●	○	□
●	○	□

NOTA

Puedes representar este conjunto de datos con frutas en un espacio bidimensional donde el un **eje x** representa el tamaño de la fruta y el **eje y** representa su color.

Ahora, queremos clasificar una nueva fruta que tiene un tamaño y un color similar a las manzanas en nuestros datos.

Conjunto de datos:

Manzanas	Naranjas	Plátanos
●	○	□
●	○	□
●	○	□
●	○	□
●	○	□
··········●		

El nuevo punto, representado como un círculo verde, cae cerca de otras manzanas en este espacio de características. Dado que está cerca de las manzanas en términos de tamaños y color, es probable que también sea una manzana, según el algoritmo KNN.

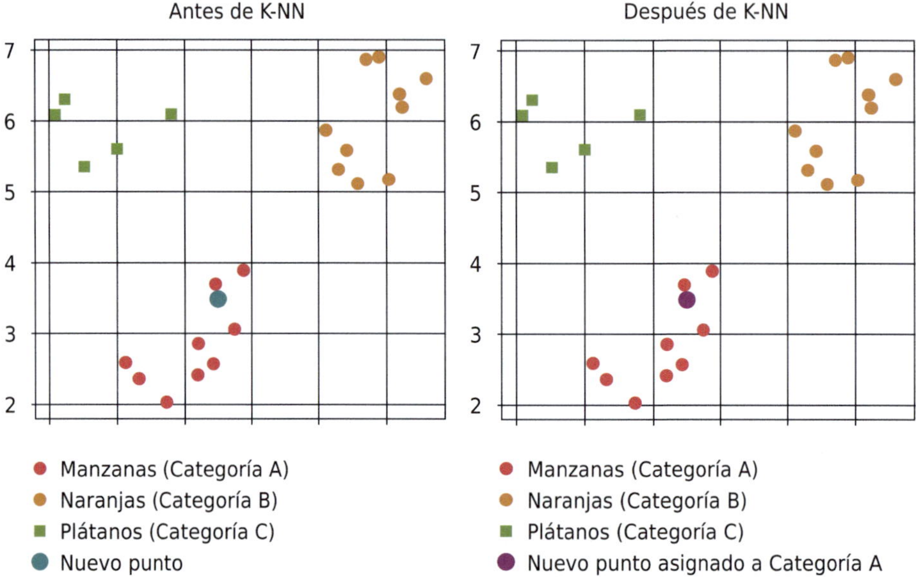

Naive Bayes

Los clasificadores **Naive Bayes** son algoritmos de aprendizaje automático no supervisado que se utilizan habitualmente para clasificar datos en función de la probabilidad de que pertenezcan a una clase específica. Este algoritmo se basa en el teorema de Bayes y hace supuestos de independencia entre las características de los datos.

En otras palabras, el clasificador *Naive Bayes* asume que las características de los datos son independientes entre sí, lo cual significa que la presencia de una característica no afecta la presencia de otra. Aunque este supuesto de independencia puede no ser cierto en todos los casos, el enfoque ingenuo de *Naive Bayes* lo hace computacionalmente eficiente y fácil de implementar.

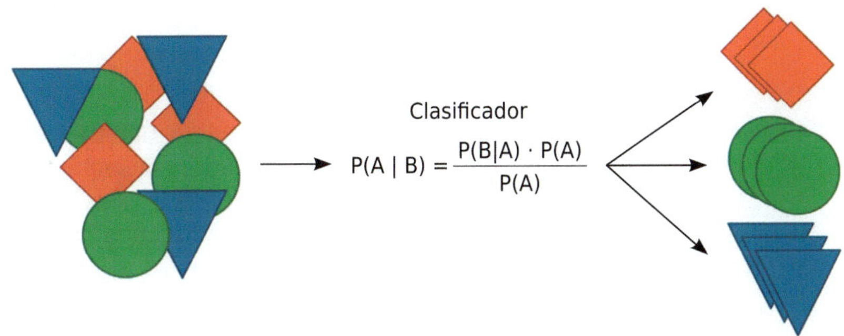

Este algoritmo es útil para clasificar datos en categorías discretas, como predecir la categoría de un correo electrónico como *spam* o no *spam* en función de las palabras que contenga, o también para realizar el diagnóstico de enfermedades basándose en síntomas observados previamente.

👁 EJEMPLO

Tenemos un conjunto de datos de correos electrónicos, etiquetados como *spam* o no *spam*, y queremos clasificar un nuevo correo electrónico entrante. El clasificador *Naive Bayes* analizaría las palabras en el correo electrónico y calcularía la probabilidad de que el correo electrónico sea *spam* o no, en función de la frecuencia en la que aparezcan esas palabras en los correos electrónicos de entrenamiento. Luego, clasificaría el nuevo correo electrónico en la categoría con la probabilidad más alta.

K-means clustering

Imaginemos que tenemos un montón de datos y queremos organizarlos en grupos basados en sus similitudes. Para esto es para lo que se utiliza el algoritmo **K-means.**

K-means es como un organizador automático que divide los datos en grupos o clústeres de forma inteligente. Este algoritmo de aprendizaje automático no supervisado lo hace buscando patrones en los datos y agrupando elementos similares entre sí.

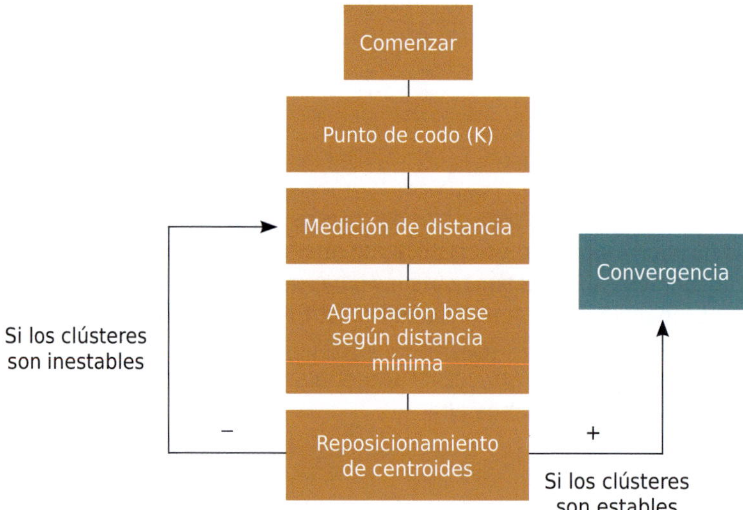 EJEMPLO

Si tenemos en cuenta los datos sobre clientes que tiene una tienda, se podría utilizar K-means para agrupar a los clientes en diferentes segmentos en función de sus hábitos de compra. De esta manera, se identificarían grupos de clientes similares a fin de adaptar una estrategia de marketing para cada grupo identificado.

Una representación del proceso del algoritmo *K-means clustering* sería la siguiente:

Dentro del contexto del algoritmo *K-means,* el **punto de codo** hace referencia al punto en una gráfica donde la suma de las distancias al cuadrado de cada punto de datos a su centroide más cercano comienza a disminuir de manera significativamente más lenta. Este punto marca el número óptimo de clústeres para el conjunto de datos dado.

Además, en una gráfica que muestra la suma de las distancias al cuadrado (inercia), en función del número de clústeres, el punto de codo es donde se produce un cambio pronunciado de pendiente. Esto viene a indicar que añadir más clústeres no produce una mejora significativa en la compresión de los datos, lo cual sugiere que el número de clústeres antes del punto de codo es la elección óptima.

Respecto a la **estabilidad de los clústeres,** esto significa la consistencia de los clústeres obtenidos al ejecutar el algoritmo *K-means* varias veces con el mismo conjunto de datos, pero con diferentes inicializaciones aleatorias de los centroides.

> Si los clústeres son estables, los resultados deberían ser similares en cada ejecución del algoritmo.

> Sin embargo, si los clústeres son inestables, los resultados suelen variar significativamente de una ejecución a otra, debido a la sensibilidad del algoritmo a la inicialización aleatoria de los centroides.

Algo importante que tener en cuenta es que, antes de utilizar *K-means,* es necesario especificar cuántos clústeres se quieren obtener, es decir, el valor de K. Esto significa que requiere un tiempo de prueba y error (aunque, una vez que se sabe el número adecuado de clústeres, *K-means* es realmente útil para organizar los datos de la mejor manera).

Igualmente, es importante entender que *K-means* funciona mejor con datos numéricos, es decir, es más sensible a la escala de los datos, por lo que a veces es necesario preprocesar los datos antes de aplicar el algoritmo. Para contar con una explicación más detalla, podemos imaginar que nos encontramos ante un conjunto de datos que representa la edad y el salario de los empleados de una empresa. A partir de esta información de partida, queremos agrupar a los individuos que conforman el personal de la organización en diferentes categorías según su edad y salario:

➲ Primero, echamos un vistazo a nuestros datos sin procesar:

Empleado	Edad (años)	Salario anual
1	30	25.000 €
2	35	28.000 €
3	40	30.000 €
4	45	32.000 €
5	25	20.000 €
6	50	35.000 €
7	55	38.000 €

Ahora, y antes de aplicar el algoritmo *K-means,* es importante preprocesar los datos, especialmente si las características tienen diferentes escalas. En este caso, normalizaremos las características para que tengan una escala similar. Esto es posible restando la media y dividiendo por la desviación estándar de cada característica.

Clúster	Edad (años)	Salario anual
1	27	21.000 €
2	37	29.000 €
3	52	36.000 €

⮥ Una vez preprocesados los datos, aplicamos el algoritmo *K-means* para agrupar a los empleados en, por ejemplo, tres clústeres. Después de ejecutar el algoritmo, obtenemos los siguientes centroides para cada clúster:

 **DEFINICIÓN**

Centroide

Son puntos que representan el centro geométrico de cada clúster en un conjunto de datos. En el contexto del algoritmo *K-means*, los centroides se utilizan como referencias para determinar la ubicación de cada clúster.

Y estos son los empleados asignados a cada clúster:

Empleado	Clúster
1	2
2	2
3	2
4	3
5	1
6	3
7	3

Es posible representar esta información en un gráfico de dispersión: en el **eje x,** eje horizontal, tenemos la edad de los empleados: en el **eje y,** vertical, tenemos sus salarios. Cada punto representa a un empleado. Los colores indican a qué clúster pertenece cada individuo según el algoritmo *K-means.*

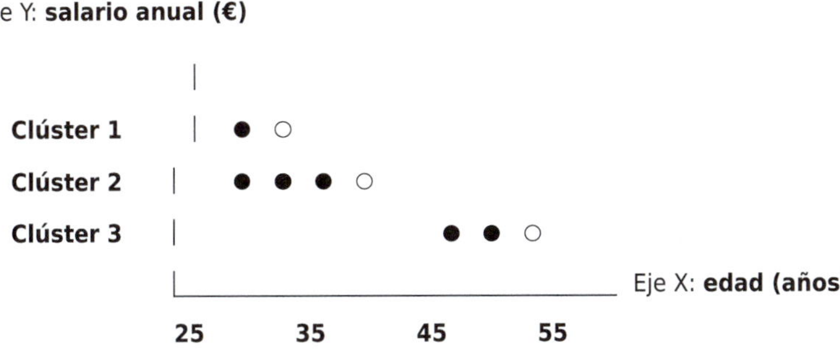

En esta gráfica, los centroides se representan como círculos (◯) y están ubicados en el espacio definitivo por las edades y salarios de los empleados, proporcionando una representación visual de cómo se agrupan los datos y dónde se encuentran los centros de cada grupo. Por tanto, cada centroide se coloca en una posición que representa la edad y el salario promedio de los empleados dentro de su respectivo clúster.

APLICACIÓN PRÁCTICA

Uno de los conceptos clave en *K-means* es el punto de codo, que ayuda a determinar el número óptimo de clústeres para un conjunto de datos. El punto de codo se identifica en una gráfica que muestra la suma de las distancias al cuadrado de cada punto de datos a su centroide más cercano, en función del número de clústeres. Este punto marca un cambio, pero ¿qué describe el punto de codo en el contexto del algoritmo *K-means?*

Solución

El punto de codo en el contexto del algoritmo *K-means* hace referencia al punto en una gráfica de la suma de las distancias al cuadrado de cada punto de datos a su centroide más cercano, donde añadir más clústeres comienza a disminuir de manera significativamente más lenta. Este punto indica que el número de

Continúa en página siguiente >>

<< Viene de página anterior

clústeres antes del punto de codo es óptimo, ya que más clústeres no resultan en una mejora significativa en la compresión de los datos. Identificar correctamente este punto es primordial para determinar el número adecuado de clústeres, optimizando así el rendimiento del algoritmo *K-means.*

Análisis de componentes principales (PCA)

PCA, o análisis de componentes principales, es un algoritmo cuya técnica sirve para simplificar conjuntos de datos que tienen muchas variables interrelacionadas, reduciendo su dimensionalidad mientras se mantiene la mayor cantidad posible de información importante.

Representación de la función del análisis de componentes principales

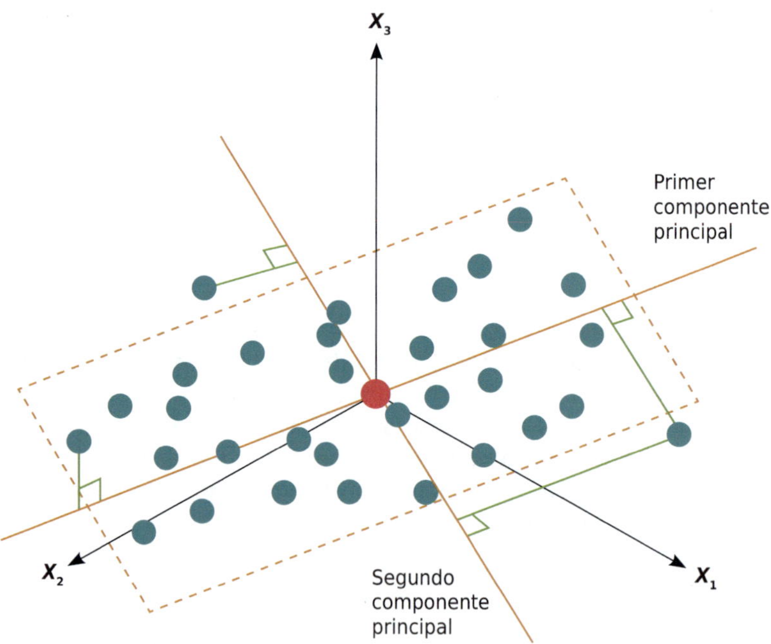

Para comprender mejor en qué consiste el proceso que lleva a cabo el algoritmo análisis de componentes principales y cuál podría ser su uso, presta atención al siguiente caso.

Tienes un conjunto de datos relacionados con una población con muchas características diferentes, como por ejemplo:

Estas características podrían estar correlacionadas entre sí, lo cual significaría que contienen **información redundante.**

DEFINICIÓN

Información redundante

Presencia de datos o características en un conjunto de datos que no aportan información adicional o útil, ya que están altamente correlacionados con otras variables presentes en el mismo conjunto. En otras palabras, la información redundante puede ser eliminada sin perder significado o detalles importantes del conjunto de datos.

PCA busca transformar estas características en un nuevo conjunto de variables llamadas componentes principales, que son combinaciones lineales de las características originales. Estas nuevas variables están ordenadas en función de cuánta variación explican en los datos originales.

EJEMPLO

Tomemos como ejemplo un conjunto de datos que describe la altura, el peso y la edad de personas. Al aplicar PCA, es posible encontrar que el primer componente principal representa primordialmente la variación en la altura de las personas, el segundo componente principal representa la variación en el peso, y así sucesivamente. Al seleccionar solo los primeros componentes principales, es

Continúa en página siguiente >>

<< Viene de página anterior

posible reducir la dimensionalidad de los datos, mientras se mantiene la mayor parte de la información importante sobre las diferencias entre las personas.

Son varias las funcionalidades de PCA:

PCA - análisis de componentes principales:

- **Visualización de datos.** Al reducir la dimensionalidad, PCA facilita la visualización de conjuntos de datos complejos en gráficos de dispersión de dimensiones más bajas.
  Por ejemplo, frente a un conjunto de datos con muchas características, queremos visualizar todo ello en un gráfico de dispersión tridimensional. PCA nos permitiría reducir la dimensionalidad para poder representar los datos en un gráfico de dos dimensiones, facilitando así la visualización y comprensión de la estructura de los datos.
- **Identificación de patrones.** PCA puede ayudar a identificar patrones o relaciones entre las características originales al resaltar las direcciones de máxima variación en los datos.
  Por ejemplo, estamos trabajando con datos de encuestas sobre la satisfacción de la clientela de una empresa. Al aplicar PCA, podríamos descubrir que los primeros componentes principales están altamente correlacionados con aspectos específicos del servicio, como la rapidez de respuesta y la calidad del producto. Esto revelaría patrones importantes sobre qué aspectos influyen más en la satisfacción de los clientes.
- **Reducción de la dimensionalidad.** Permite reducir el número de características en un conjunto de datos manteniendo la mayor parte de la información relevante.
  Por ejemplo, disponemos de un conjunto de datos con 100 características que describen diferentes aspectos de los clientes de una tienda. Al aplicar PCA a estos datos, podríamos reducir la dimensionalidad a solo 10 componentes principales, conservando la mayoría de la variación en los datos originales y simplificando así el análisis.

IMPORTANTE

PCA es una herramienta útil para simplificar conjuntos de datos complejos mientras se conserva la mayor cantidad posible de información importante, lo cual permite comprender y analizar mejor los datos.

Gradient boosting machines

Los **gradient boosting machines (GBM)** son un conjunto de algoritmos de aprendizaje automático que utilizan una técnica conocida como "impulso" para mejorar la precisión de las predicciones. En lugar de tratar de construir un solo modelo predictivo fuerte de una vez, el GBM construye una secuencia de modelos simples, cada uno de los cuales se enfoca en corregir los errores del modelo anterior. Esta técnica se basa en el concepto de aprender de los errores pasados y mejorar continuamente el rendimiento del modelo a medida que se construye.

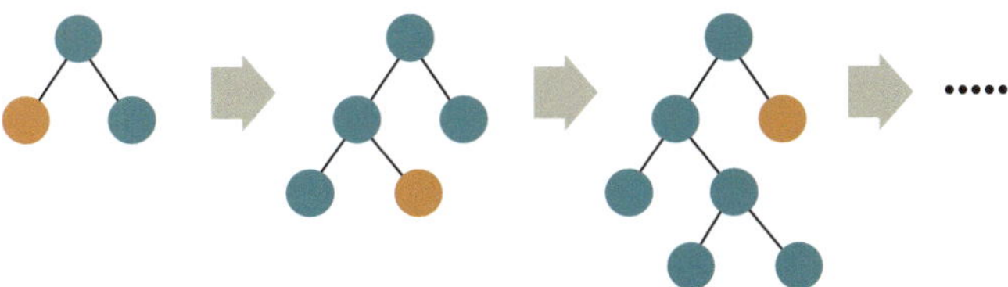

Los *gradient boosting machines* (GBM) serían útiles en el sector de la investigación médica para diversas aplicaciones. Una de ellas es la predicción de diagnósticos médicos.

EJEMPLO

Un equipo de investigación está estudiando un conjunto de datos que contiene información sobre pacientes: datos demográficos, historiales médicos y

Continúa en página siguiente >>

<< Viene de página anterior

resultados de pruebas diagnósticas. Utilizando GBM, es posible construir un modelo predictivo que tome todos esos datos como entrada y sea capaz de predecir con precisión si un paciente tiene cierta enfermedad o condición médica.

Igualmente, los GBM serían capaces de identificar biomarcadores significativos que estén asociados con ciertas enfermedades o alguna condición médica. Al analizar grandes conjuntos de datos de pacientes, este equipo de modelos podría identificar características específicas, por ejemplo, niveles de ciertas proteínas en la sangre o marcadores genéticos, que están fuertemente correlacionadas con la presencia o progresión de una enfermedad. Esta información es realmente útil para el personal investigador al permitirles identificar nuevos objetivos terapéuticos o a desarrollar pruebas de diagnóstico personalizadas y, por tanto, más precisas.

Algoritmo de aprendizaje por refuerzo

Como ejemplo representativo de algoritmo de aprendizaje por refuerzo está ***Q-learning;*** algoritmo de aprendizaje por refuerzo que enseña a los agentes a tomar decisiones óptimas en un entorno, actualizando valores de recompensa para acciones en estados específicos. Este algoritmo permite a un agente aprender una política que maximiza su recompensa en un entorno a través de la exploración y la explotación de las mejores acciones posibles en diferentes estados.

IMPORTANTE

Los algoritmos de aprendizaje por refuerzo buscan tomar decisiones secuenciales en entornos dinámicos, como son los juegos, la robótica, el control de procesos, etc.

El algoritmo permite que un agente aprenda a tomar decisiones óptimas en un entorno específico, siendo estas las siguientes:

- **Inicialización.** Se crea una **tabla Q** con todas las posibles combinaciones de estados y acciones, inicializada con valores arbitrarios, que generalmente son ceros.
- **Exploración del entorno.** El agente comienza en un estado inicial y toma acciones basadas en una política. Al principio, se utiliza una estrategia de exploración, como la **política ε-greedy**, que elige acciones aleatorias con **probabilidad ε** y las mejores acciones conocidas con **probabilidad 1−ε.**
- **Ejecución de acciones y actualización de la tabla Q.** El agente ejecuta una acción y observa la recompensa recibida y el nuevo estado alcanzado. Se actualiza el valor Q de la tabla Q utilizando la ecuación de actualización de *Q-learning*:

$$Q(s,a) \leftarrow Q(s,a) + \alpha[r + \gamma a' \max Q(s',a') - Q(s,a)]$$

Tenemos en cuenta que:

- **s** es el estado actual.
- **a** es la acción tomada.
- **r** es la recompensa recibida.
- **s'** es el nuevo estado.
- **a'** es una acción posible en el nuevo estado.
- **α** es la tasa de aprendizaje *(learning rate)*.
- **γ** es el factor de descuento *(discount factor)*.

- **Repetición.** El agente repite los pasos 2 y 3 para cada episodio durante muchas iteraciones, que consisten en una secuencia de acciones hasta alcanzar un estado terminal. Con el tiempo, la tabla Q converge hacia valores que representan las máximas recompensas esperadas para cada estado y acción.
- **Política óptima.** Una vez que la tabla Q ha convergido, el agente ya puede tomar decisiones óptimas seleccionando siempre la acción con el mayor valor Q en cada estado.

A continuación, comprobarás a través de un sencillo ejemplo cómo es el funcionamiento práctico del algoritmo de aprendizaje por refuerzo *Q-learning*.

Cada casilla del laberinto es un estado y las acciones posibles son moverse hacia arriba, abajo, izquierda o derecha. Al principio, el robot no sabe qué acciones son las mejores, así que explora el laberinto y actualiza su tabla Q basándose en las recompensas. Por ejemplo:

- +1 por encontrar la salida
- -1 por chocar con una pared

Con el tiempo, el robot aprende la mejor ruta para salir del laberinto tomando siempre las acciones que maximicen su recompensa acumulada.

Aprendizaje profundo

El **aprendizaje profundo,** también conocido como ***deep learning,*** es una subárea del *machine learning* que utiliza redes neuronales artificiales con múltiples capas profundas para aprender representaciones jerárquicas de los datos. En términos de clasificación, el aprendizaje profundo generalmente se considera una parte del aprendizaje supervisado y no supervisado, ya que puede aplicarse en ambos contextos:

- ***Deep learning* en el aprendizaje supervisado.** En *machine learning* supervisado, el aprendizaje profundo se utiliza para tareas como clasificación y regresión, donde se entrenan modelos para predecir una salida específica a partir de entradas etiquetadas.
- ***Deep learning* en el aprendizaje no supervisado.** Por otro lado, en el aprendizaje no supervisado, *Deep learning* se emplea para tareas como la reducción de dimensionalidad, la generación de datos y el agrupamiento. Por ejemplo, se pueden utilizar redes neuronales profundas para aprender representaciones latentes de datos complejos, permitiendo una visualización y comprensión de la estructura subyacente de los datos sin etiquetar.

EJEMPLO

Deep learning en el aprendizaje supervisado

Queremos desarrollar un sistema de reconocimiento de voz para asistentes virtuales. Utilizando aprendizaje profundo en el contexto de aprendizaje supervisado, es posible entrenar una red neuronal profunda para clasificar diferentes comandos de voz, como reproducir música, configurar una alarma, buscar información en internet, etc.

Para esto, es necesario que recopilemos un conjunto de datos etiquetados que contenga grabaciones de voz de diferentes comandos, donde cada muestra de audio esté etiquetada con el comando correspondiente. Luego, entrenamos la red neuronal para que aprenda a asociar características del audio con las etiquetas correspondientes. Una vez entrenada, la red neuronal tomará nuevas grabaciones de voz como entrada y predecirá el comando asociado con alta precisión.

Continúa en página siguiente >>

<< Viene de página anterior

Deep learning en el aprendizaje no supervisado

Queremos realizar una exploración de temas en un gran conjunto de artículos de noticias. Utilizando aprendizaje profundo en el contexto de aprendizaje no supervisado, podemos aplicar una técnica llamada autoencoders para aprender representaciones latentes de los documentos de noticias. Entrenamos una red neuronal profunda para comprimir los documentos de noticias en un espacio de características de menor dimensión y, luego, descomprimiremos de nuevo a su forma original. Durante este proceso, la red neuronal aprende automáticamente a codificar y decodificar la información clave de los documentos. Después de entrenar el autoencoder, es posible utilizar las representaciones latentes aprendidas para realizar tareas como la agrupación de documentos similares en temas comunes, o la detección de anomalías en el conjunto de datos de noticias. Este enfoque nos permite explorar y comprender la estructura subyacente de los datos de manera no supervisada, sin necesidad de etiquetas explícitas.

El manejo responsable de los programas y algoritmos de inteligencia artificial es hoy en día un aspecto clave, debido a su creciente impacto en la vida de las personas, especialmente en un contexto donde el ***big data*** desempeña un papel fundamental.

Big data es un conjunto de tecnologías capaces de recopilar, almacenar y procesar grandes volúmenes de datos provenientes de diversas fuentes. Estos datos masivos alimentan los algoritmos de inteligencia artificial y pueden influir en decisiones importantes en áreas críticas como la salud, la justicia y el empleo, entre otras cuestiones.

Big data y la inteligencia artificial están estrechamente interconectadas en el mundo moderno. El vasto volumen de datos que se generan a diario, provenientes de diversas fuentes como redes sociales, dispositivos IoT, transacciones financieras, etc., cuando se procesan y analizan correctamente, proporcionan ***insights*** valiosos que impulsan la toma de decisiones basadas en información de valor. Los algoritmos de IA, por su parte, requieren grandes cantidades de datos para entrenar modelos precisos que sean efectivos.

A continuación, se explica cómo *big data* nutre a estos algoritmos de IA con un ejemplo práctico de una aplicación de IoT (internet de las cosas) para ilustrar este proceso:

1. **Recopilación de datos.** El primer paso es la recopilación de datos a gran escala. Estos datos pueden provenir de sensores, dispositivos IoT, aplicaciones móviles, redes sociales, transacciones, etc.
   Por ejemplo, una app de IoT para hogares inteligentes, los datos provienen de sensores de temperatura, cámaras de seguridad, dispositivos de control de iluminación y electrodomésticos conectados.
2. **Almacenamiento de datos.** Los datos recopilados se almacenan en bases de datos grandes que son escalables. Tecnologías como *Hadoop*, *NoSQL* y bases de datos en la nube son habituales para manejar *big data*.
   Por ejemplo, los datos de los sensores de un hogar inteligente se almacenan en una base de datos en la nube, accesible para procesamiento posterior.
3. **Preprocesamiento de datos.** Los datos brutos con frecuencia contienen ruido, inconsistencias y valores faltantes. El preprocesamiento implica la limpieza de datos, la normalización y transformación para prepararlos para la fase de análisis.
   Por ejemplo, los datos de temperatura de los sensores pueden tener picos anómalos debido a fallos del sensor. Estos datos se limpian para eliminar valores extremos y se normalizan para que todos los datos tengan un rango común.
4. **Análisis y exploración de datos.** Se utilizan técnicas de análisis exploratorio de datos conocidas como EDA para comprender mejor las características de los datos. Esto implica la visualización de datos, estadística descriptiva y detección de patrones.
   Por ejemplo, se analizan los datos de uso de energía del hogar para identificar patrones de consumo y momentos de alto uso de electricidad.
5. **Entrenamiento del modelo IA.** Los datos preprocesados se utilizan para entrenar algoritmos de IA. Dependiendo del problema, se pueden usar diferentes tipos de algoritmos, como son algoritmos de regresión, clasificación, *clustering*, etc.
   Por ejemplo, un modelo de aprendizaje supervisado se entrena para predecir la temperatura óptima en el hogar, basada en patrones de uso pasados y condiciones climáticas en tiempo real.
6. **Evaluación y optimización del modelo.** El modelo entrenado se evalúa utilizando datos de validación para medir su precisión y efectividad. Se

ajustan los hiperparámetros y se realizan optimizaciones para mejorar el rendimiento.

Por ejemplo, el modelo de predicción de temperatura se evalúa utilizando un conjunto de datos de validación y se optimizan los parámetros para minimizar el error de predicción.

7. **Implementación y despliegue del modelo.** Una vez que el modelo está entrenado y optimizado, se despliega en un entorno de producción donde se procesan de datos en tiempo real para proporcionar resultados. Por ejemplo, el modelo de predicción de temperatura se implementa en la *app* de hogar inteligente, ajustando automáticamente la temperatura del hogar en tiempo real para optimizar el confort y el consumo de energía.

NOTA

Los ejemplos de este proceso descrito te han permitido conocer cómo *big data* nutre a los algoritmos de IA en una *app* para un hogar, facilitando la toma de decisiones inteligentes y personalizadas para los usuarios, mejorando su experiencia y optimizando el uso de recursos.

En el ámbito de la justicia, por ejemplo, el desarrollo de sistemas de inteligencia artificial para la toma de decisiones resalta la importancia de garantizar la imparcialidad y la equidad.

Los algoritmos de IA utilizados en sistemas de juicios automatizados o en la evaluación de riesgos penales se basan en datos históricos recopilados a través del big data. Sin embargo, si estos datos contienen sesgos inherentes, como la discriminación racial o de género, los algoritmos perpetuarán tales sesgos, lo cual llevará a la toma de decisiones injustas o discriminatorias.

IMPORTANTE

Es de vital importancia que los programas y algoritmos de inteligencia artificial sean diseñados y utilizados de manera ética y responsable en un entorno de *big data.* Esto implica no solo garantizar la imparcialidad y la equidad en los algoritmos, sino también **asegurar la transparencia en su funcionamiento, la protección de la privacidad y los derechos individuales de las personas** cuyos datos se utilizan. Solo así podremos promover un uso responsable y beneficioso de la inteligencia artificial en la sociedad, mitigando los riesgos potenciales y maximizando sus beneficios para el bienestar humano.

El popular *ChatGPT* se inició como un modelo de lenguaje desarrollado por OpenAI. Utiliza técnicas avanzadas de aprendizaje profundo para comprender y generar texto de forma coherente tal como lo haría un humano.

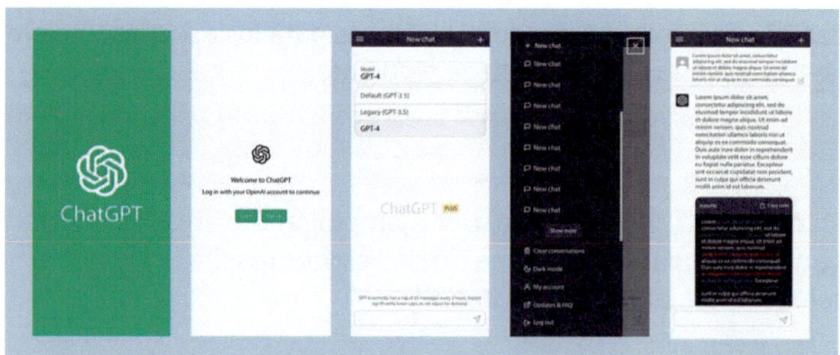

La capacidad de ChatGPT para responder preguntas, mantener conversaciones y realizar tareas de procesamiento de lenguaje natural se basa en la vasta cantidad de datos con los que ha sido entrenado.

Los datos empleados por *ChatGPT* provienen de múltiples fuentes en internet y constituyen lo que comúnmente se conoce como *big data.*

A medida que la inteligencia artificial se integra cada vez más en la vida de las personas, es fundamental comprender cómo estos modelos funcionan y cómo los datos de *big data* alimentan sus capacidades, así como los desafíos y responsabilidades asociados con su uso, como la gestión de sesgos en las respuestas proporcionadas por *ChatGPT.*

A continuación, se explica detalladamente el proceso de funcionamiento de *ChatGPT* y cómo este modelo maneja los datos para generar respuestas:

Recopilación de datos

Los datos utilizados para entrenar a *ChatGPT* provienen de una variedad de fuentes en Internet, como libros, artículos, sitios web, foros y redes sociales. Esta diversidad de fuentes asegura que el modelo tenga una amplia base de conocimiento. Por ejemplo: datos de Wikipedia, noticias, blogs y plataformas de redes sociales.

Preprocesamiento de datos

Los datos recopilados se preprocesan para eliminar información irrelevante, corregir errores y normalizar el texto. Esto implica la eliminación de duplicados, corrección de ortografía y gramática, y normalización de formatos. Por ejemplo: eliminar etiquetas HTML de los textos web o corregir errores tipográficos.

Entrenamiento del modelo

El modelo de lenguaje se entrena utilizando técnicas de aprendizaje profundo. Durante este proceso, el modelo aprende patrones y estructuras del lenguaje natural a partir de los datos preprocesados. Se utilizan grandes redes neuronales, como *transformers*, para capturar las relaciones contextuales entre las palabras. Por ejemplo: utilizar técnicas como el aprendizaje por transferencia para mejorar la comprensión del contexto.

Optimización y evaluación

El modelo se optimiza y evalúa constantemente utilizando métricas de rendimiento específicas, como la precisión y la coherencia de las respuestas generadas. Esto implica ajustar hiperparámetros y mejorar el algoritmo basado en retroalimentación continua. Por ejemplo: evaluar la coherencia de las respuestas en conversaciones simuladas y ajustar el modelo según sea necesario.

Generación de respuestas

Cuando un usuario interactúa con *ChatGPT*, el modelo genera respuestas en tiempo real analizando la entrada del usuario y produciendo una salida coherente y contextualmente apropiada. Utiliza el conocimiento aprendido durante el entrenamiento para realizar esta tarea. Por ejemplo: si un usuario pregunta sobre un evento histórico, *ChatGPT* utiliza la información aprendida de textos históricos para generar la respuesta.

Existen diferentes tipos de **sesgos inherentes en *ChatGPT*.** Debido a la naturaleza de los datos utilizados para entrenar a *ChatGPT,* es posible encontrar ciertos prejuicios intrínsecos en las respuestas dadas. Estos sesgos pueden ser clasificados de la siguiente manera:

1. **Sesgo de disponibilidad de datos.** Los datos disponibles en Internet suelen reflejar diferentes puntos de vista o enfoques. Si un tema tiene más contenido de un tipo específico, el modelo podría inclinarse hacia ese punto de vista. Por ejemplo, si la mayoría de los artículos sobre un

tema político específico provienen de fuentes con una cierta orientación, *ChatGPT* reflejará inadvertidamente esa orientación en sus respuestas.

2. **Sesgo cultural y geográfico.** Los datos en internet suelen estar dominados por contenido de ciertas culturas y regiones. Esto implica que puede llevar a una representación desproporcionada de esos contextos. Por ejemplo, las perspectivas occidentales suelen estar sobrerrepresentadas en los datos de entrenamiento, haciendo que el modelo subestime o malinterprete perspectivas de otras culturas no occidentales.

3. **Sesgo de confirmación.** Las personas usuarias del *ChatGPT* también influyen en los datos de entrenamiento al interactuar con el modelo y proporcionar retroalimentación reforzando ciertos sesgos. Por ejemplo, si los usuarios tienden a confirmar y reforzar respuestas con sesgos existentes, el modelo aprende a repetir esos sesgos de forma más frecuente.

Para comprender mejor cómo los sesgos pueden afectar directamente en las respuestas generadas por *ChatGPT,* es útil examinar un ejemplo concreto.

EJEMPLO

Un usuario pregunta a *ChatGPT* sobre las causas del cambio climático. Si los datos de entrenamiento contienen una mayor cantidad de fuentes que niegan la existencia del cambio climático en comparación con las que lo afirman, el modelo generará respuestas que minimicen o cuestionen la validez del cambio climático, reflejando así el sesgo en los datos.

Por ejemplo, esta podría ser la pregunta de un usuario a *ChatGPT:* "¿Cuáles son las principales causas del cambio climático?".

ChapGPT podría responder: "Algunas fuentes sugieren que el cambio climático no es un problema significativo y que las variaciones naturales del clima son responsables de los cambios observados".

En realidad, la comunidad científica está en gran medida de acuerdo en que el cambio climático es real y está principalmente impulsado por la acción humana, como la quema de combustibles fósiles y la deforestación. Este sesgo en la respuesta podría ser un problema, ya que desinformaría al usuario sobre un tema crítico.

ACTIVIDAD COMPLEMENTARIA

2. Investiga y reflexiona sobre cómo los sesgos pueden influir en los algoritmos de inteligencia artificial, afectando la equidad y la precisión de sus resultados. Piensa en ejemplos específicos donde los sesgos han tenido un impacto significativo y en las diversas estrategias que se pueden implementar para mitigar estos problemas.

El manejo responsable de la IA y la mitigación de sesgos en los modelos son esenciales para asegurar que las aplicaciones de IA sean equitativas y precisas. En entornos de cobertura 5G, la IA aprovecha todas las ventajas de estas redes para mejorar sus capacidades, pero también se deben considerar los desafíos éticos y técnicos asociados con su implementación.

IMPORTANTE

La **caracterización de la inteligencia artificial en entornos de cobertura 5G** busca comprender cómo la IA se adapta y se potencia en un contexto de conectividad avanzada y de alta velocidad como el proporcionado por la tecnología 5G.

Se trata de estudiar y analizar cómo la inteligencia artificial se utiliza y se acomoda dentro del ecosistema que representa entornos de cobertura 5G. Esto implica entender los diferentes modelos, técnicas y aplicaciones de la inteligencia artificial que pueden aprovechar las capacidades y la infraestructura proporcionadas por el 5G.

En este sentido, se han de examinar aspectos como los modelos de inteligencia artificial utilizados, desde **sistemas de reglas simples** hasta **redes neuronales profundas,** y cómo estos modelos se benefician de la alta velocidad y baja latencia ofrecida por las redes 5G. Igualmente, es útil considerar aquellos desafíos y oportunidades específicas que surgen al integrar la inteligencia artificial en entornos donde la conectividad y el procesamiento de datos son más rápidos y eficientes gracias al 5G.

APLICACIÓN PRÁCTICA

El estudio de la caracterización de la IA en entornos de cobertura 5G implica analizar cómo la IA se adapta y se beneficia de las capacidades avanzadas proporcionadas por la tecnología 5G. Esto implica examinar diferentes modelos de IA, desde sistemas de reglas simples hasta redes neuronales profundas, y cómo estos modelos aprovechan la infraestructura 5G para mejorar el procesamiento y la conectividad. ¿Qué aspecto es clave para asegurar que las aplicaciones de IA sean equitativas y precisas en entornos de cobertura 5G?

Solución

Para asegurar que las aplicaciones de IA sean equitativas y precisas, especialmente en entornos de cobertura 5G, es fundamental el manejo responsable de la IA y la mitigación de sesgos en los modelos. Aunque las ventajas técnicas de las redes 5G, como la alta velocidad y la baja latencia, potencian las capacidades de la IA, es clave abordar los desafíos éticos y técnicos relacionados con la implementación de la IA. Esto implica garantizar que los modelos de IA no perpetúen sesgos y sean utilizados de manera responsable, aprovechando al máximo las oportunidades que ofrece el 5G mientras se minimizan los riesgos y las injusticias.

2.2. Modelos de inteligencia artificial

Un **modelo de inteligencia artificial** es una representación matemática y computacional de un proceso o sistemas diseñado para realizar tareas específicas mediante el análisis de datos. Estos modelos son construidos mediante algoritmos y técnicas de aprendizaje automático o aprendizaje profundo, los cuales realizan las siguientes tareas:

1. **Aprender patrones.** Esta tarea implica que el algoritmo identifique regularidades o estructuras en los datos de entrada sin una programación explícita para ello. El algoritmo busca correlaciones o características comunes que pueden ser útiles para realizar una tarea específica.
Por ejemplo, un algoritmo de aprendizaje automático aprende a reconocer imágenes de gatos en fotografías. Al proporcionar datos al algoritmo mediante una gran cantidad de imágenes etiquetadas como "gato" o "no gato", el algoritmo puede aprender patrones visuales distintivos que

son característicos de los gatos, como la forma de las orejas o la presencia de bigotes característica de estos animales.

2. **Realizar predicciones.** En esta tarea, el algoritmo utiliza los patrones identificados en los datos de entrenamiento para hacer estimaciones sobre datos futuros o desconocidos. Estas predicciones pueden ser numéricas (regresión) o categóricas (clasificación).

   Por ejemplo, un modelo de aprendizaje automático entrenado con datos históricos de ventas de una tienda predice las ventas futuras en función de factores como la temporada del año, el día de la semana y las promociones vigentes. Como consecuencia, esto permite a la tienda anticiparse a la demanda y ajustar su inventario y estrategias de *marketing*.

3. **Tomar decisiones sin una programación explícita para cada situación.** En esta tarea, el algoritmo utiliza los patrones aprendidos y las predicciones generadas para tomar decisiones automáticamente en tiempo real, sin necesidad de una programación específica para cada posible situación.

   Por ejemplo, un sistema de conducción autónoma utiliza datos de sensores, como pueden ser las cámaras y los radares para identificar objetos y obstáculos en la carretera. Basándose en esta información y en modelos de predicción del comportamiento de otros vehículos y peatones, el sistema toma decisiones para navegar de manera segura por el entorno sin intervención humana, como acelerar, girar, frenar, etc.

Algoritmo y modelo de inteligencia artificial son conceptos relacionados pero distintos. En el contexto de la inteligencia artificial y del aprendizaje automático podemos establecer las siguientes diferencias:

- **Algoritmo.** El algoritmo es un conjunto de instrucciones lógicas y secuenciales diseñadas para resolver un problema específico o realizar una tarea determinada. En el contexto de la inteligencia artificial, un algoritmo hace referencia a métodos y técnicas para entrenar modelos de aprendizaje automático. Ejemplo de ellos son:

  - Los algoritmos de optimización para ajustar los parámetros de un modelo.
  - Los algoritmos de *clustering* para agrupar datos.
  - Los algoritmos de búsqueda para encontrar patrones en conjuntos de datos.

- **Modelo.** Un modelo en inteligencia artificial es como una herramienta que aprende de la información que se le da. Por ejemplo, imagina que proporcionas a la herramienta de inteligencia artificial muchas fotos de gatos y perros. Esta herramienta aprende cómo distinguir entre cada tipo de animal mirando características, como el color del pelaje o la forma de las orejas. Una vez que ha aprendido, es capaz de mirar una nueva foto y decidir si se trata de un gato o un perro, simplemente basándose en lo que ha aprendido.

En base a estas diferencias podemos decir que el modelo es como una especie de mente pensante que la herramienta de inteligencia artificial utiliza para hacer sus predicciones o tomar decisiones. Pero esta "mente" no es algo abstracto, es en realidad una serie de ecuaciones matemáticas y reglas de decisión que se crean a partir de los datos que se le dan.

En esencia, un modelo de inteligencia artificial es una abstracción que captura la relación entre los datos de entrada (entradas) y los resultados deseados (salidas) de un sistema o problema dado. Puede ser utilizado para una variedad de aplicaciones, como son:

Clasificación	Es una tarea en la que el modelo asigna una etiqueta o categoría a un conjunto de datos. Por ejemplo, clasificar correos electrónicos como *spam* o no *spam*, o reconocer si una imagen contiene una silla o una mesa.
Regresión	Implica predecir un valor numérico basado en datos previos. Por ejemplo, predecir el precio de una casa basándose en sus características como el tamaño, la ubicación y el número de habitaciones.
Reconocimiento de patrones	Esta aplicación implica identificar patrones completos en conjuntos de datos. Por ejemplo, identificar patrones de comportamiento en datos de clientes para predecir sus preferencias de compra, o detectar fraudes financieros basándose en anomalías en los patrones de transacciones.
Generación de texto	En esta aplicación, el modelo genera texto nuevo basado en datos de entrenamiento. Por ejemplo, los modelos de generación de texto pueden utilizar para escribir noticias automáticamente o para completar texto en aplicaciones de procesamiento de lenguaje natural.
Traducción automática	Implica convertir texto de un idioma a otro de manera automatizada. Por ejemplo, *Google Translate* utiliza modelos de traducción automática para traducir texto entre diferentes idiomas basándose en patrones lingüísticos aprendidos de conjuntos de datos multilingües.

NOTA

Cada una de estas aplicaciones utiliza modelos de inteligencia artificial entrenados específicamente para realizar una tarea particular. Estos modelos aprenden de datos de entrenamiento y luego pueden aplicarse para hacer predicciones, generar texto o realizar otras tareas relacionadas con la aplicación específica.

Los modelos de inteligencia artificial son entrenados utilizando conjuntos de datos etiquetados o no etiquetados. **Su rendimiento mejora cuantos más datos se les proporciona y se llevan a cabo más ajustes en los hiperparámetros del modelo.**

Al mencionar que el rendimiento del modelo mejora con más datos y ajustes en los hiperparámetros, se está destacando la importancia de alimentar al modelo con suficientes datos de entrenamiento y encontrar las configuraciones óptimas de los hiperparámetros para maximizar su capacidad, con idea de hacer predicciones precisas y generalizar bien a nuevos datos. Por tanto, cuando se dice que el rendimiento mejora con más datos y ajustes en los hiperparámetros del modelo, se hace referencia a los siguientes aspectos importantes del proceso de entrenamiento de un modelo de inteligencia artificial:

- **Más datos.** Al proporcionar al modelo más datos de entrenamiento, se le está dando más información para aprender patrones y relaciones entre las características de los datos de entrada y las etiquetas (si están disponibles). En general, cuantos más datos de alta calidad tenga el modelo para aprender, mejor será su capacidad para generalizar y hacer predicciones precisas sobre datos nuevos o no vistos.
- **Ajustes en los hiperparámetros del modelo.** Los hiperparámetros son configuraciones que controlan el comportamiento y la complejidad del modelo durante el entrenamiento. Ejemplos de hiperparámetros son la tasa de aprendizaje, la profundidad de las capas en una red neuronal o el tamaño de los árboles en un algoritmo de aprendizaje de máquina. Ajustar estos hiperparámetros adecuadamente afecta significativamente el rendimiento del modelo. Experimentar con diferentes configuraciones de hiperparámetros y encontrar la combinación óptima para un problema dado podría llevar a mejoras en cuanto a la precisión y la capacidad de generalización del modelo.

Una vez entrenados, estos modelos pueden ser desplegados y utilizados en entornos de producción para automatizar tareas, tomar decisiones o proporcionar recomendaciones basadas en la información disponible.

Los **sistemas de reglas,** las **redes neuronales artificiales, las redes neuronales convolucionales, las redes neuronales recurrentes o las redes neuronales profundas** son solo algunos ejemplos de las herramientas poderosas de la inteligencia artificial que pueden perfectamente utilizarse en entornos de cobertura 5G para **mejorar la eficiencia,** la **seguridad** y la **experiencia del usuario.**

La correcta aplicación de estos modelos de inteligencia artificial requiere de un entendimiento profundo de las características y capacidades de cada modelo, así como de las necesidades específicas del entorno en cuestión.

Sistemas de reglas

Los **sistemas de reglas** son uno de los modelos más simples de inteligencia artificial. Las decisiones se toman basadas en un conjunto prefinido de **reglas lógicas**.

Los sistemas de reglas son útiles en entornos de cobertura 5G para tareas de control y la gestión de red, donde se necesitan decisiones rápidas y predecibles.

 **EJEMPLO**

En una red 5G, un sistema de reglas podría ser utilizado para priorizar el tráfico de datos críticos, como puede ser la comunicación de emergencia sobre el tráfico de datos considerado menos urgente.

Las reglas lógicas son enunciados o proposiciones que expresan relaciones entre diferentes elementos o conceptos. Se utilizan para razonar sobre la verdad o falsedad de ciertas afirmaciones. Estas reglas siguen los principios de la lógica, que es la disciplina que estudia las formas válidas de razonamiento.

En el contexto de los sistemas de inteligencia artificial, las reglas lógicas se utilizan para representar conocimiento y tomar decisiones basadas en ese conocimiento. Por lo general, estas reglas consisten en una serie de condiciones o **antecedentes** que deben cumplirse para que se active una acción o conclusión o **consecuente.**

EJEMPLO

En un sistema de recomendación de películas podríamos tener la regla lógica:

Si el género de la película es "Comedia" y la valoración del usuario es mayor o igual a 4, entonces recomendar la película.

En este ejemplo, las condiciones son el género de la película y la valoración del usuario, y la acción es recomendar la película. Si ambas condiciones se cumplen, la regla se activa y se realiza la acción correspondiente.

Las reglas lógicas son fundamentales en los sistemas de reglas de inteligencia artificial porque proporcionan un marco claro y explícito para la toma de decisiones, o lo que es lo mismo, **la lógica proporciona modelos formales o lógicos de representación del conocimiento y mecanismos de razonamiento para tomar decisiones lógicas y realizar inferencias. Esto permite que los sistemas sigan un conjunto coherente de instrucciones para resolver problemas específicos.**

Existen dos clásicos modelos formales o lógicos de representación del conocimiento:

- **Lógica proposicional.** Es un modelo en el que las afirmaciones se representan mediante proposiciones o sentencias atómicas que pueden ser verdaderas o falsas. Se utilizan operadores lógicos como AND, OR y NOT para construir proposiciones compuestas.
  Por ejemplo, en un sistema de diagnóstico médico, es posible representar utilizando lógica proposicional la siguiente afirmación: "Si hay fiebre y tos, entonces podría ser una infección respiratoria".
- **Lógica de predicados.** Permite representar conocimiento sobre objetos y relaciones entre ellos mediante predicados y cuantificadores como "para todo" y "existe".
  Por ejemplo, en un sistema de planificación robótica, es posible representar utilizando lógica de predicados la siguiente afirmación: "Todos los estudiantes tienen un profesor".

NOTA

En términos generales, la diferencia entre la lógica proposicional y la lógica de predicados radica en que la primera no admite argumentos en los predicados mientras que la segunda sí.

En lógica proposicional se utilizan proposiciones que representan afirmaciones, que pueden ser **verdaderas** o **falsas**. Además, las proposiciones se unen con **operadores lógicos:**

$$(\wedge \ [\mathbf{y}], \vee \ [\mathbf{o}], \neg \ [\mathbf{no}])$$

Las reglas se construyen con el operador de implicación lógica:

$$(\rightarrow)$$

Existen mecanismos de inferencia, que son reglas o algoritmos que permiten derivar nuevas conclusiones a partir de premisas lógicas, las cuales permiten obtener nuevos datos a partir de los datos ya conocidos. Estos mecanismos de inferencias son: ***modus ponens, modus tollens*** y la **resolución.**

Modus ponens

Si A implica B y se sabe que A es verdadero, entonces se concluye que B también es verdadero. Por ejemplo: "Si llueve, entonces la calle estará mojada" es verdadero, y sabemos que está lloviendo, entonces concluimos que "La calle está mojada".

EJEMPLO

Modus ponens se considera un razonamiento válido porque **q** siempre será verdad, independientemente de lo que represente, cuando se cumplan **p y p → q.**

Continúa en página siguiente >>

<< Viene de página anterior

$$\frac{p \qquad \text{si } p}{q \qquad \text{entonces } q}$$

$$p \to q \qquad \text{y } p \text{ implica } q$$

p = "hace calor"

q = "el profesor está incómodo"

Memoria de trabajo (datos): p

Base de conocimiento (reglas): p→ q

Deducción (aplicando *modus ponens*): q

q pasaría a formar parte de la memoria de trabajo.

Modus tollens

Si A implica B y se sabe que B es falso, entonces se concluye que A también es falso. Por ejemplo: si "Si hay humo, entonces hay fuego" es verdadero, y sabemos que no hay fuego, entonces concluimos que "No hay humo".

👁 EJEMPLO

Modus tollens se considera un razonamiento válido porque **p** siempre será falso, independientemente de lo que represente, cuando se no se cumpla q y se verifique **p→q.**

p	si no q
p → q	y p implica q
¬p	entonces no p

Continúa en página siguiente >>

<< Viene de página anterior

p = "hace calor"

q = "el profesor está incómodo"

Memoria de trabajo (datos): ¬q

Base de conocimiento (reglas): Base de conocimiento (reglas): p→q

Deducción (aplicando *modus tollens*): ¬p

¿Esto es cierto?

Para poder emparejar se necesita establecer la igualdad del antecedente de la regla a tenor de los hechos conocidos, por lo que nos encontramos con una limitación de la cual no es posible extraer ninguna deducción. Por ejemplo:

- p = "hombre"
- q = "mortal"
- x = "todo hombre es mortal"
- y = "Mateo es hombre"

La solución la encontramos gracias a la lógica de predicados, debido a que se necesita relacionar objetos (en el ejemplo son personas) y propiedades (esHombre, esMortal).

esHombre(Mateo)

∀x (esHombre(x) → esMortal(x))

Podemos deducir: esMortal(Mateo)

NOTA

La lógica de predicados hace posible que se puedan utilizar los llamados cuantificadores. Estos son:

Continúa en página siguiente >>

<< Viene de página anterior

∀ (para todo)

∃ (existe)

- -

Resolución

La resolución es una metodología algo más compleja. Pensemos en ello como buscar contradicciones para demostrar que una afirmación es verdadera. Por ejemplo, si alguien dice: Todas las aves vuelan y alguien más dice: *Las avestruces son aves, pero no vuelan,* se podría usar la resolución para demostrar que la afirmación original es falsa al encontrar este contraejemplo.

Ahora bien, pongamos el foco en el lenguaje de programación Prolog. Este lenguaje es un ejemplo interesante porque está diseñado específicamente para trabajar con lógica y realizar **inferencias**, es decir, llegar a nuevas conclusiones o entender algo nuevo basándose en la información o el conocimiento disponible.

En Prolog, puedes escribir reglas lógicas y hacer consultas para que el programa encuentre respuestas basadas en esas reglas.

Por ejemplo, podrías escribir una regla en Prolog que diga: Si es un ave y no puede volar, entonces es un avestruz. Luego, podrías hacer una consulta preguntando si un animal es un avestruz. Entonces, Prolog podría usar esta regla y otras que hayan sido definidas para determinar si esa afirmación es verdadera o falsa en función de la información disponible.

IMPORTANTE

En el contexto de la inteligencia artificial, realizar inferencias implica utilizar algoritmos y reglas lógicas para procesar datos y llegar a nuevas conclusiones. Por ejemplo, si se tiene información sobre el clima y se sabe que está lloviendo, se puede inferir que es probable que la calle esté mojada. Del mismo modo, si se tiene conocimiento sobre las reglas de un juego y sobre las acciones de un jugador, se puede inferir cuáles podrían ser sus movimientos futuros.

- -

La **resolución** es un método utilizado en lógica matemática e inteligencia artificial para probar la validez de un argumento lógico. Se basa en la búsqueda de contradicciones entre las premisas del argumento para llegar a una conclusión.

Para utilizar la resolución en la demostración de la validez de un argumento lógico, primero se transforman las premisas y la negación de la conclusión en forma clausal. Una cláusula es una disyunción de literales donde un literal es una variable o la negación de una variable.

Por ejemplo: *Si es un ave y no puede volar, entonces es un agapornis*, podemos transformarlo en la forma clausal:

Premisa: (¬Ave v ¬PuedeVolar v Agaporni)

Donde ¬ representa la negación de una variable

Ahora bien, para demostrar que este argumento es válido, asumimos que la negación de la conclusión es verdadera. En este caso, la negación de *Si es un ave y no puede volar, entonces es un agapornis* sería: *Es un ave y no puede volar, pero no es un agapornis*, lo cual se puede expresar en forma clausal como:

Negación de la conclusión: (Ave ∧ ¬PuedeVolar ∧ ¬Agaporni)

Luego, buscamos una contradicción entre la premisa y la negación de la conclusión utilizando el **método de resolución.** Si encontramos una cláusula que contenga un literal y su negación, se puede derivar una cláusula vacía, lo que indica una contradicción y confirma la validez del argumento.

En este caso, al aplicar el método de resolución, podríamos encontrar una contradicción entre la premisa y la negación de la conclusión, lo que demostraría la validez del argumento.

ACTIVIDAD COMPLEMENTARIA

3. Investiga y reflexiona sobre cómo la técnica lógica de *modus tollens* puede ser implementada en la funcionalidad de una aplicación, ayudando a mejorar su desempeño y precisión en la toma de decisiones. Busca ejemplos específicos de aplicaciones que ya estén utilizando esta técnica y analiza su implementación y beneficios.

Redes neuronales artificiales

Las **redes neuronales artificiales** (RNA) son modelos de IA inspirados en el funcionamiento del cerebro humano. Están compuestas por capas de neuronas interconectadas.

En entornos 5G, las RNA se utilizan, entre otras cuestiones, para tareas como la optimización del rendimiento de la red, el análisis de datos de tráfico y la detección de anomalías.

 **EJEMPLO**

Una RNA puede ser perfectamente entrenada para predecir la congestión en la red 5G basándose en datos históricos de tráfico y condiciones de la red.

Por ejemplo, pensemos que tenemos acceso a datos históricos que contienen información sobre la cantidad de dispositivos conectados a la red 5G en diferentes momentos del día, la velocidad del tráfico de datos o la latencia, entre otros parámetros.

Utilizando toda esta información, podemos entrenar una RNA para predecir la probabilidad de congestión en la red en función de estas variables.

Una vez entrenada, la RNA se desplegaría en tiempo real para analizar datos en curso y permitir anticipar posibles problemas de congestión. Esto es, si la RNA detecta un aumento significativo en el número de dispositivos conectados durante un período específico del día, enviaría alertas o propondría alguna recomendación de ajustes en la asignación de recursos para evitar dicha congestión de tráfico.

Sirva este ejemplo para entender que las redes neuronales son herramientas muy poderosas que pueden ser empleadas en entornos 5G con idea de optimizar el funcionamiento o rendimiento de una red, contribuyendo a que las personas usuarias puedan tener una experiencia más fluida y eficiente en sus comunicaciones móviles.

Redes neuronales convolucionales

Las **redes neuronales convolucionales (CNN)** son un tipo de RNA especialmente eficaz en tareas de procesamiento de imágenes y vídeos. Destacan por su capacidad para reconocer patrones espaciales.

 **EJEMPLO**

Una CNN puede ser utilizada para analizar imágenes de cámaras de vigilancia en una red 5G, identificando objetos sospechosos o comportamientos anómalos en tiempo real.

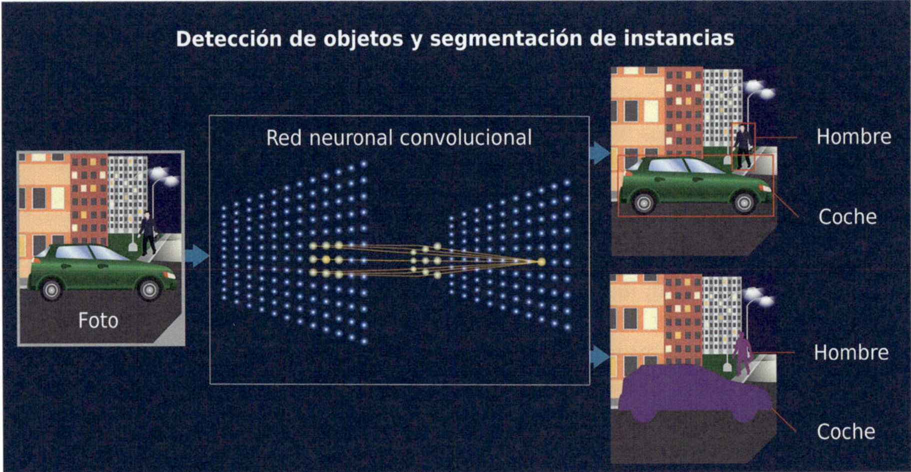

En entornos 5G, las CNN pueden emplearse en aplicaciones de realidad aumentada, vehículos autónomos y vigilancia de seguridad.

El proceso de desarrollar una app basada en redes neuronales convolucionales sigue los mismos principios generales que el desarrollo de aplicaciones con otras arquitecturas de redes neuronales, pero se adapta específicamente a las peculiaridades y ventajas de las redes neuronales convolucionales para problemas relacionados con el procesamiento de imágenes.

Redes neuronales recurrentes

Las **redes neuronales recurrentes (RNN)** son adecuadas para datos secuenciales, como series temporales o texto, gracias a su capacidad para mantener una memoria de estados anteriores.

Red neuronal recurrente

Las RNN son un tipo de red neuronal utilizada para procesar secuencias de datos, como series temporales o texto, donde las conexiones entre las unidades forman un grafo dirigido en una secuencia temporal. Esto permite que la red mantenga una memoria de los estados anteriores para influir en la salida actual.

SABÍAS QUE...

En el contexto de tecnologías 5G, las RNN pueden emplearse en la predicción de tráfico de red, el procesamiento de señales y la optimización de recursos. Por ejemplo, una RNN podría perfectamente calcular la demanda de datos en una red 5G basándose en patrones históricos de uso.

Para explicar cómo las redes neuronales recurrentes mantienen una memoria de los estados anteriores para influir en la salida actual, podemos considerar un ejemplo sencillo relacionado con el procesamiento de texto, específicamente la predicción de la siguiente palabra en una frase.

Por ejemplo, queremos predecir la siguiente palabra en una secuencia de palabras. La frase inicial es: *El clima hoy está muy.* Queremos que la RNN prediga la siguiente palabra:

1. **Entrada secuencial.** La frase se ingresa palabra por palabra en la RNN:

   ○ Primera palabra: *El*
   ○ Segunda palabra: *clima*

- Tercera palabra: *hoy*
- Cuarta palabra: *está*
- Quinta palabra: *muy*

2. **Memoria de estados anteriores.** En cada paso, la RNN no solo recibe la palabra actual, sino también un estado oculto que contiene información de las palabras anteriores.

   - Después de *El,* la red tiene un estado h1h_1h1 que encapsula la información de *El.*
   - Después de *clima,* la red tiene un estado h2h_2h2 que encapsula la información de *El clima.*
   - Esto continúa hasta muy, donde el estado h5h_5h5 encapsula la información de toda la frase hasta ese punto *(El clima hoy está muy).*

3. **Predicción basada en memoria.** Cuando la red recibe muy y el estado h5h_5h5, utiliza esta información combinada para predecir la siguiente palabra.

   - La RNN predice que la siguiente palabra es *soleado,* basándose en el contexto proporcionado por las palabras anteriores y el estado h5h_5h5.

Resultado del proceso descrito

Paso 1: Input: ***El,*** Estado Inicial: h0h_0h0

Salida: Estado h1h_1h1

Paso 2: Input: ***clima,*** Estado: h1h_1h1

Salida: Estado h2h_2h2

Paso 3: Input: ***hoy,*** Estado: h2h_2h2

Salida: Estado h3h_3h3

Paso 4: Input: ***está,*** Estado: h3h_3h3

Salida: Estado h4h_4h4

Paso 5: Input: ***muy,*** Estado: h4h_4h4

Salida: Estado h5h_5h5

Predicción: Utilizando *muy* y h5h_5h5, la red predice *soleado.*

NOTA

En este ejemplo, la RNN utiliza los estados ocultos para recordar las palabras anteriores y comprender el contexto de la frase. Esto le permite hacer una predicción sobre la siguiente palabra. La capacidad de mantener y utilizar la memoria de estados anteriores es lo que hace que las RNN sean adecuadas para tareas secuenciales como el procesamiento de texto, el reconocimiento de voz y el análisis de series temporales.

Redes neuronales profundas

Las **redes neuronales profundas (DNN)** son redes neuronales con múltiples capas ocultas, capaces de aprender representaciones complejas de datos.

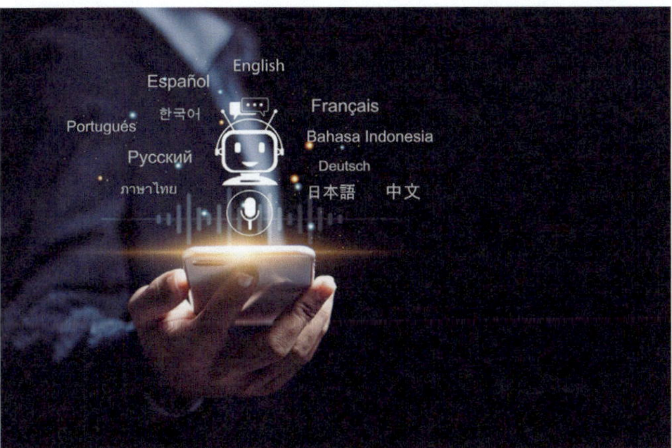

En entornos 5G, las DNN pueden emplearse en aplicaciones de reconocimiento de voz, traducción automática y recomendación de contenido.

👁 EJEMPLO

Una DNN puede ser utilizada para optimizar la asignación de recursos de red en tiempo real, maximizando la calidad de servicio para diferentes tipos de aplicaciones y usuarios.

Las redes neuronales profundas (*deep neural networks,* DNN) son un tipo de red neuronal artificial que se caracteriza por tener múltiples capas ocultas entre la capa de entrada y la capa de salida. Estas múltiples capas permiten a las DNN aprender representaciones complejas y abstractas de los datos. Su funcionamiento se describe a continuación.

Representación de una red neural profunda

La **capa de entrada** recibe los datos iniciales. Por ejemplo, en una red neuronal para reconocimiento de imágenes, la capa de entrada recibiría los píxeles de la imagen. Entre la capa de entrada y la capa de salida, hay varias **capas ocultas.** Cada capa oculta consiste en varios nodos (o neuronas) que aplican transformaciones a los datos. Las capas ocultas permiten que la red aprenda características de mayor nivel y abstracción. Cada neurona en una capa está conectada a las neuronas de la capa anterior y a las neuronas de la siguiente capa. Las conexiones entre neuronas tienen pesos que se ajustan durante el entrenamiento. Además, cada neurona tiene un sesgo que también se ajusta. Los pesos y sesgos determinan cómo se combinan las entradas para producir la salida de una neurona. Después de combinar las entradas con los pesos y sesgos, la salida pasa por una función de activación no lineal. Esta función de activación introduce no linealidades en el modelo, permitiendo que la red aprenda relaciones complejas en los datos.

La **capa final** produce la salida del modelo. En una tarea de clasificación, la capa de salida podría tener tantas neuronas como clases haya, y cada neurona representaría la probabilidad de que el dato pertenezca a esa clase.

IMPORTANTE

El entrenamiento de una DNN implica ajustar los pesos y sesgos para minimizar el error entre las predicciones del modelo y los valores reales. Esto se logra mediante un proceso iterativo llamado retropropagación, que utiliza el gradiente descendente para actualizar los pesos y sesgos. Gracias a las múltiples capas ocultas, las DNN aprenden características de alto nivel y complejas a partir de los datos. Por ejemplo, en una red profunda para el reconocimiento de imágenes, las primeras capas pueden aprender a detectar bordes y texturas, mientras que las capas más profundas pueden aprender a detectar partes de objetos y, finalmente, el objeto completo.

A continuación, y de manera genérica, se presentan los pasos que se han de dar para desarrollar una *app* utilizando un modelo de IA. Cada paso requiere cierta atención y todos los ajustes necesarios en función del problema y las limitaciones de recursos de que dispongamos. Es importante contar con la preparación suficiente para iterar en cada etapa del proceso a fin de lograr los mejores resultados posibles:

- **Paso 1.** Identifica el problema que deseas resolver utilizando la RNA. Por ejemplo, puede ser reconocimiento de imágenes, predicción de texto, detección de anomalías o cualquier otro problema que hayas identificado.

  En esta etapa es importante saber definir con claridad el objetivo de la aplicación que vas a desarrollar y qué tipo de entrada y salida deseas.
- **Paso 2.** Reúne un conjunto de datos adecuado para entrenar y probar la RNA. Los datos deben ser representativos del problema que estás tratando de resolver.

  Limpia y preprocesa los datos según sea conveniente. Esto significa incluir la normalización, la eliminación de valores atípicos y la división en conjuntos de entrenamiento, validación y prueba.
- **Paso 3.** Selecciona el tipo de RNA que mejor se adapte a tu problema como:

  - Redes neuronales convolucionales (CNN) para imágenes.
  - Redes neuronales recurrentes (RNN) para secuencias de datos.

‍ Redes neuronales totalmente conectadas (DNN) para tareas generales.

Decide el número de capas y neuronas en cada capa, así como las funciones de activación adecuadas para cada capa.

Considera la arquitectura de la RNA en función de la complejidad del problema y la cantidad de datos disponibles.

➲ **Paso 4.** Utiliza una biblioteca de aprendizaje automático como *TensorFlow, Keras o PyTorch* para implementar la arquitectura de la RNA en código.

Entrena la RNA utilizando el conjunto de datos preparado en el paso 2. Ajusta los hiperparámetros en función de la necesidad para mejorar el rendimiento del modelo. Valida dicho rendimiento utilizando el conjunto de validación y realizando los ajustes que sean necesarios.

➲ **Paso 5.** Desarrolla la interfaz de usuario de la aplicación que permita a las personas usuarias interactuar con la RNA.

No olvides implementar la lógica de la RNA en la aplicación y asegúrate de que pueda procesar entradas con eficacia y devolver resultados precisos.

Prueba la aplicación para asegurarte de que funcione correctamente y que es capaz de manejar diferentes escenarios de uso.

➲ **Paso 6.** Despliega la aplicación en la plataforma deseada, ya sea en dispositivos móviles, en la nube o en servidores locales. Realiza un seguimiento del rendimiento de la aplicación y actualízala para mejorar la precisión y la eficiencia de la RNA.

Proporciona soporte y mantenimiento continuos para garantizar que la aplicación funcione correctamente y cumpla con las expectativas de los usuarios.

2.3. Sistemas de aprendizaje automático y manuales

En el ámbito de la inteligencia artificial, los sistemas de aprendizaje, ya sean automáticos o manuales, representan enfoques fundamentales para resolver una amplia gama de problemas. Estos sistemas no solo impulsan la innovación tecnológica, sino que también transforman la forma en que se interactúa con la información y se automatizan tareas complejas. En este contexto, es fundamental comprender las diferencias entre los sistemas de aprendizaje automático y manual, así como sus respectivas aplicaciones, ventajas y limitaciones. Esta distinción entre enfoques no solo define cómo los sistemas procesan y utilizan la información, sino que también influye en su capacidad para adaptarse a entornos cambiantes y resolver problemas con mayor eficiencia y eficacia.

En este apartado, examinaremos en detalle tanto los sistemas de aprendizaje automático como los manuales, destacando sus características distintivas y ejemplos destacados de su aplicación en diversos campos. Con este nivel de entendimiento, podremos apreciar mejor cómo estos sistemas impulsan la inteligencia artificial y su impacto en la sociedad moderna, sirviendo de fuente de inspiración para el desarrollo de proyectos basados en inteligencia artificial.

Sistemas de aprendizaje automático

Los sistemas de aprendizaje automático son aquellos que pueden aprender y mejorar su rendimiento a partir de datos sin una programación explícita.

Estos sistemas utilizan algoritmos para identificar patrones y hacer predicciones, o simplemente tomar decisiones basadas en esos patrones, es decir, operan automáticamente una vez que se han configurado con una base de conocimientos y reglas. Pueden procesar información y tomar decisiones sin una intervención humana continua.

 **EJEMPLO**

Un sistema de recomendación en una plataforma de *streaming* como *Netflix* o *Spotify* que sugiere películas o música basándose en las preferencias del usuario es un buen ejemplo de aprendizaje automático. El sistema aprende de las interacciones históricas del usuario y en base a ello va ajustando sus recomendaciones.

Sistemas de aprendizaje manual

Los sistemas de aprendizaje manual, también conocidos como sistemas expertos, se basan en reglas y conocimientos humanos predefinidos.

Estos sistemas no aprenden de los datos, sino que operan según un conjunto de reglas y criterios establecidos por personas expertas; es decir, la creación y actualización de la base de conocimientos requiere de la intervención manual de expertos humanos que proporcionen los datos y las reglas iniciales.

👁 EJEMPLO

Un sistema de diagnóstico médico que utiliza reglas específicas para identificar enfermedades basándose en síntomas y resultados de pruebas médicas es un ejemplo de aprendizaje manual. Las reglas son definidas por profesionales médicos y no cambian en función de nuevos datos o experiencias.

Comparativa entre sistemas de aprendizaje automático y manual

Los sistemas de aprendizaje automático y los manuales presentan ventajas e inconvenientes. La elección entre uno u otro siempre dependerá de las necesidades específicas del problema y de los recursos de que se disponga. En muchos casos, una combinación de ambos enfoques podría ser la estrategia perfecta para abordar diferentes aspectos de un mismo problema. No obstante, a continuación se presenta una comparativa de los sistemas en función de algunas características relevantes:

1. **Flexibilidad.** Los sistemas de aprendizaje automático tienden a ser más flexibles, ya que pueden adaptarse y mejorar continuamente con la entrada de nuevos datos en tiempo real. En contraposición, los sistemas de aprendizaje manual son estáticos y no pueden ajustarse de forma automática.
2. **Interpretabilidad.** Los sistemas de aprendizaje manual son más fácilmente interpretables, ya que operan según reglas explícitas que son fácilmente comprensibles por las personas. Por otro lado, los sistemas de aprendizaje automático, especialmente aquellos basados en modelos complejos como las redes neuronales profundas, suelen ser de difícil interpretación si no son analizados por una persona experta en la materia.
3. **Requerimientos de datos y *expertise*.** Los sistemas de aprendizaje automático requieren grandes cantidades de datos para entrenar modelos eficaces, así como expertise en el diseño y ajuste de algoritmos; en cambio, los sistemas de aprendizaje manual dependen principalmente del conocimiento humano y no requieren datos de entrenamiento extensivos.

SABÍAS QUE...

El *expertise* en el diseño y ajuste de algoritmos hace referencia a la habilidad y el conocimiento especializado que una persona tiene en la creación, optimización y ajuste de algoritmos para resolver problemas específicos. Ello implica comprender profundamente los fundamentos teóricos de los algoritmos, así como tener experiencia práctica en su implementación y ajuste para adaptarse a diferentes situaciones y requisitos. El *expertise* en este campo abarca varios aspectos:

Conocimiento teórico:

- Comprender los fundamentos matemáticos y computacionales de los algoritmos.
- Conocer los diferentes tipos de algoritmos, sus estructuras de datos asociados y sus complejidades computacionales.
- Estar al tanto de los últimos avances en teoría de algoritmos y técnicas de optimización.

Experiencia práctica:

- Tener experiencia en la implementación de algoritmos en diferentes lenguajes de programación y entornos de desarrollo.
- Saber cómo adaptar y ajustar algoritmos existentes para satisfacer los requisitos específicos de un problema.
- Ser capaz de evaluar el rendimiento y la eficiencia de los algoritmos en situaciones del mundo real y realizar mejoras según sea necesario.

Resolución de problemas:

- Ser capaz de analizar y descomponer problemas complejos en pasos más simples y diseñar algoritmos eficientes para resolverlos.
- Tener habilidades de resolución de problemas para identificar y abordar cuellos de botella, errores y limitaciones en los algoritmos existentes.

Optimización y ajuste:

- Saber cómo optimizar algoritmos para mejorar su rendimiento en términos de velocidad, uso de recursos y precisión.
- Ser capaz de ajustar parámetros y realizar ajustes finos en los algoritmos para adaptarlos a diferentes conjuntos de datos o contextos de aplicación.

La inteligencia artificial ofrece un espectro amplio de posibilidades en el mundo empresarial. Una de las aplicaciones de mayor soporte y con mayor potencial viene de la mano de la ingeniería del conocimiento con los sistemas expertos o sistemas basados en conocimientos (SBC). Estos conceptos vienen a describir sistemas computarizados que resuelven problemas muy complejos de una forma muy parecida a como los resolvería un humano experto para encontrar las soluciones más eficientes.

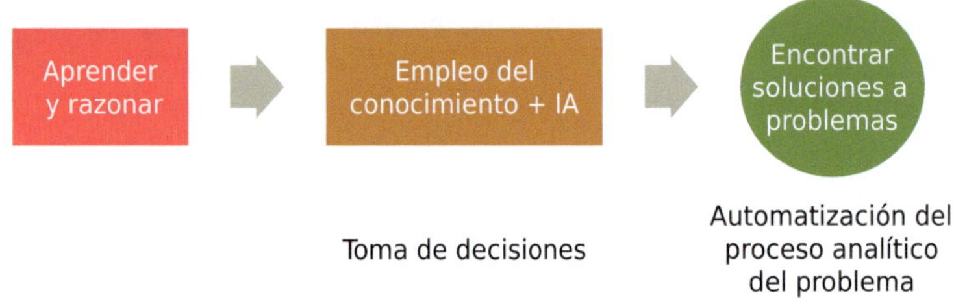

IMPORTANTE

El objetivo de unir la fuerza de la IA y la ingeniería del conocimiento es la automatización del proceso analítico de un problema para encontrar soluciones haciendo uso del conocimiento y de la toma de decisiones.

Sistemas expertos. Métodos de los sistemas basados en conocimiento

Un sistema experto es un producto fruto de un SBC, como así se muestra en la siguiente representación:

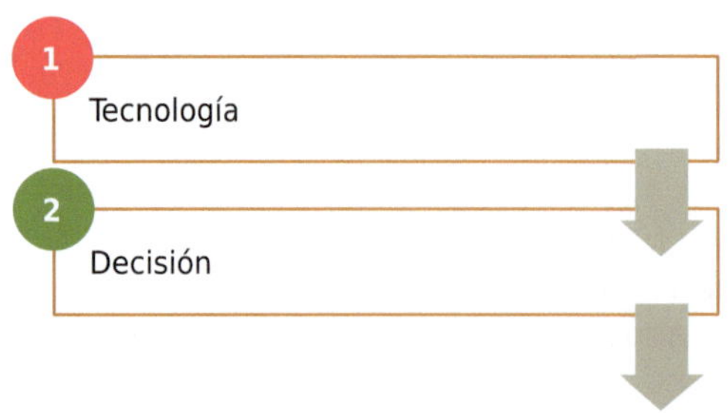

Continúa en página siguiente >>

<< Viene de página anterior

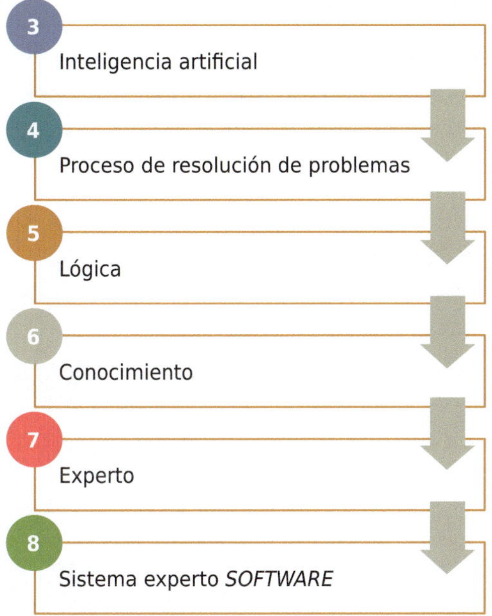

Un sistema experto tiene como función poder representar el conocimiento de profesionales expertos en diferentes áreas del conocimiento, con idea de optimizar, aprovechar y aplicar ese conocimiento y experiencia en la expedición de diagnósticos y tareas diversas de control y aprendizaje.

Aunque los sistemas expertos son sistemas basados en conocimientos, no todos los SBC son sistemas expertos.

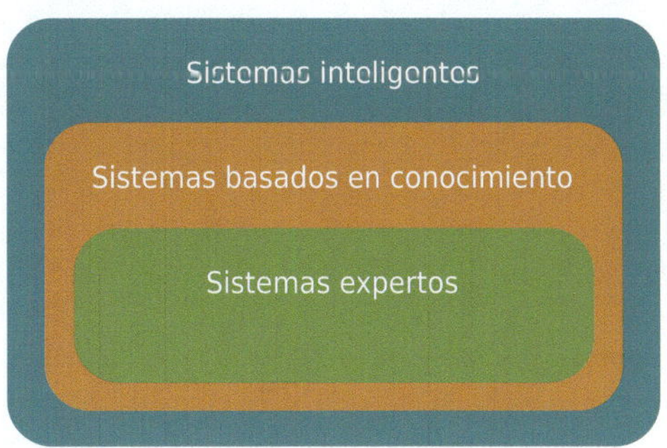

Los **sistemas expertos** son capaces de tener un comportamiento, en cuanto a la gestión del conocimiento, muy similar a la del ser humano.

Estos sistemas son diseñados para lograr resolver problemas complejos sin mecanismos de programación tradicional, pero sí requieren que en su diseño se refleje el dominio del problema que deba abordar, atendiendo a las relaciones de conceptos claves y a la identificación de estos conceptos y relaciones. Mientras que en un SBC intenta resolver problemas, modulando el problema, en los sistemas expertos se aborda el problema construyendo un modelo.

Los **sistemas basados en conocimiento (SBC)** son desarrollados empleando técnicas diversas. De entre las diferentes metodologías aplicables podrían nombrarse las siguientes:

DENDRAL
- Método de IA implementado en los a los años 60. Es considerado el primer sistema de experto capaz de ser aplicado a contextos reales del área de investigaciones científicas tanto biológicas como de la química. Sirvió para facilitar trabajos de inferencia sobre estructuras moleculares.

MYCIN
- Método de los años 70 que sirvió para desarrollar un sistema de experto cuya principal función consistió en proporcionar ayuda a profesionales médicos y del campo de la investigación a través del diagnóstico sobre enfermedades infecciosas de la sangre.

CADECEUS
- Completado en los años 80, se desarrolló una década anterior con idea de mejorar las técnicas de MYCIN en la realización de diagnósticos de medicina interna.

XCON/R1
- Método con el que se desarrolló un sistema de experto que prestaba asistencia a los pedidos de los sistemas de ordenadores a través de la selección de aquellos componentes necesarios en función de los requerimientos del cliente.

KADS
- Método de gran relevancia para las organizaciones empresariales. Fue implementado a mediados de los años 90 y contribuyó a mejorar el alcance de los objetivos empresariales a través de un sistema basado en iteraciones.
  - 1. Definición de objetivos
  - 2. Evaluación de riesgos
  - 3. Creación del sistema basado en conocimiento
  - 4. Plan de mejora ciclo depurativo

Continúa en página siguiente >>

<< Viene de página anterior

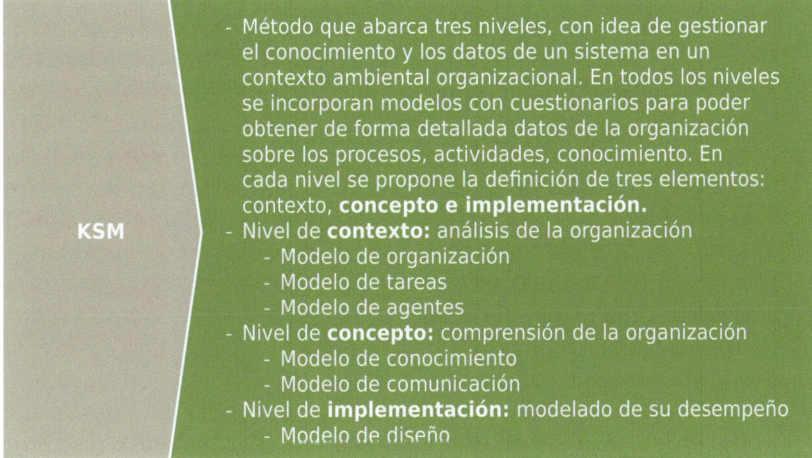

Categorización de los sistemas basados en conocimiento

Son **seis las categorías de los sistemas basados en conocimiento.** Cada tipo de SBC cuenta con unas características distintas que lo diferencia de los demás. Saber distinguir tipos de SBC es interesante principalmente porque cada tipo está diseñado para abordar diferentes problemas y aplicaciones, aprovechando diversas metodologías y tecnologías:

1. Cada tipo de SBC está optimizado para resolver problemas específicos, como son el diagnóstico médico, la gestión de procesos industriales o la asistencia legal.
2. Identificar el tipo de SBC adecuado ayuda a seleccionar las técnicas y herramientas más eficaces, como sistemas expertos, redes neuronales o algoritmos de aprendizaje automático, facilitando el desarrollo y la implementación del sistema.
3. Algunos SBC son más fáciles de interpretar y explicar que otros. Por ejemplo, los sistemas basados en reglas suelen ser más transparentes que las redes neuronales profundas, lo cual es muy importante en áreas donde la interpretabilidad es clave.
4. Igualmente, al conocer las características y requerimientos de cada tipo de SBC, se pueden optimizar los recursos de *hardware* y *software* necesarios para su implementación y buen funcionamiento.
5. Poder distinguir entre diferentes tipos de SBC fomenta la innovación y el desarrollo de nuevas técnicas y aplicaciones, adaptadas a las necesidades cambiantes de la industria y la sociedad.

La descripción de cada una de las categorías es la siguiente:

- **Sistemas expertos.** Son los encargados de integrar los conocimientos que, de forma organizada, aproximan esa área de conocimiento que está asociada con el saber humano, pero con un esfuerzo mucho menor. En definitiva, son programas informáticos diseñados para emular el juicio y el comportamiento de un experto humano en un campo específico. Utilizan reglas basadas en el conocimiento para tomar decisiones o resolver problemas. Como ejemplo están los sistemas de diagnóstico médico.
- **Redes neuronales.** Son modelos de aprendizaje automático inspirados en la estructura del cerebro humano. Además, son capaces de aprender de datos, identificar patrones y hacer predicciones. Como ejemplo es el reconocimiento de voz y de imágenes.
- **Algoritmos genéticos.** Son técnicas de optimización basadas en los principios de la selección natural y la genética. Se utilizan para encontrar soluciones aproximadas a problemas complejos mediante la evolución de una población de soluciones candidatas. Por ejemplo: la optimización de rutas en logística.
- **Agentes inteligentes.** Son entidades autónomas que perciben su entorno y toman decisiones para alcanzar objetivos específicos. Aprenden y tienen la capacidad de adaptarse a lo largo del tiempo. Por ejemplo: los asistentes virtuales como *Siri* o *Alexa*.
  Los agentes inteligentes son sistemas autónomos diseñados para percibir, actuar y adaptarse en su entorno con el fin de cumplir con objetivos específicos. Estos sistemas son fundamentales en aplicaciones modernas que requieren decisiones autónomas y adaptativas, desde asistentes virtuales hasta sistemas de control en casas inteligentes.
  Un agente inteligente es una entidad autónoma que percibe su entorno mediante sensores y actúa sobre ese entorno utilizando actuadores. Su objetivo es realizar tareas específicas o lograr metas definidas, adaptándose a las condiciones cambiantes del entorno. Los agentes inteligentes pueden tomar decisiones, aprender de la experiencia y trabajar de manera colaborativa o individual para resolver problemas complejos.
  Las características clave de los agentes inteligentes son:

- **Autonomía.** Pueden tomar decisiones por sí mismos basándose en las percepciones de su entorno.
- **Capacidad de percepción.** Utilizan sensores para recoger datos del entorno (cámaras, micrófonos, sensores de temperatura) o virtuales (recopilación de datos en línea, API).
- **Capacidad de actuación.** Utilizan actuadores para interactuar con su entorno: es decir, son capaces de modificar datos, enviar comandos a otros sistemas, etc.
- **Objetivos y metas.** Están diseñados para cumplir con objetivos específicos. Estos objetivos guían su comportamiento y sus decisiones.

- **Adaptabilidad.** Aprenden de la experiencia y ajustan sus estrategias para mejorar el desempeño.
- **Interactividad.** Son capaces de interactuar con otros agentes o humanos. La colaboración y comunicación con otros agentes es una característica común en sistemas multiagente.

➲ **Minería de datos.** Se trata de un concepto que describe cómo se halla el conocimiento a través de la detección de relaciones no identificadas o inexploradas entre conjuntos de datos. La minería de datos se puede definir como el proceso de descubrir patrones, correlaciones y tendencias en grandes conjuntos de datos. Utiliza técnicas de aprendizaje automático, estadísticas y bases de datos. Por ejemplo, el análisis de comportamiento de clientes en comercio electrónico.

La minería de datos es un proceso en el que participan varias tecnologías, que tienen por objetivo encontrar relaciones ocultas entre los datos.

➲ **Sistemas de tutoría inteligente.** Más que una categoría es una forma de aplicación sofisticada de recursos formativos apoyados en la informático que persigue optimizar la calidad a un menor coste. Los sistemas de tutoría inteligente son aplicaciones que proporcionan un proceso personalizado de enseñanza-aprendizaje y una eficaz retroalimentación. Utilizan modelos de conocimiento del dominio y de los usuarios para adaptar el contenido y las actividades. Un ejemplo de estos sistemas son las plataformas de aprendizaje adaptativo.

Sistemas de tutoría inteligentes

Trazo editable

Para tener la consideración de sistema de tutoría Inteligente, el software debe ser capaz de mantener intervenciones de forma continuada a lo largo de todo el proceso de aprendizaje.

ACTIVIDAD COMPLEMENTARIA

4. Responde a las siguientes preguntas:

   - ¿Cómo pueden los sistemas de aprendizaje adaptativo ser implementados eficazmente en entornos educativos y laborales?
   - ¿Cuáles son los beneficios y desafíos de su aplicación?
   - ¿Qué ejemplos de aplicaciones actuales existen que utilizan sistemas de aprendizaje adaptativo?

Escanea el siguiente QR, para utilizar el artículo como punto de partida para tu investigación y reflexión.

https://redirectoronline.com/ifcd990405

TAREA 1

El Departamento de *Marketing* de una empresa especialista en domótica del hogar pretende diseñar una estrategia comercial dirigida a clientes que hayan comprado cámaras de seguridad a la misma vez que sensores de humos inteligentes. Para ello, este departamento necesitará analizar los todos los *tickets* de compra almacenados y extraer de ahí esa información.

Según esto, indica qué categoría de sistema basado en conocimiento es la que permitiría abordar ese trabajo de recopilación, clasificación, análisis de información de forma más eficiente que si se abordara esta tarea de forma manual por el personal del Departamento de *Marketing*.

2.4. Programación de inteligencia artificial, NLP, *text to speech, speech to text* y algoritmos

En el panorama de la programación de inteligencia artificial, áreas como el **procesamiento del lenguaje natural (NLP)** y las **tecnologías de conversión de texto a voz (*text to speech*, TTS)** y **de voz a texto (*speech to text*, STT)** desempeñan un papel fundamental. Estos campos están en constante evolución y revolucionan la forma en que interactuamos con la tecnología, permitiendo una comunicación más natural y fluida entre humanos y máquinas. En este análisis, exploraremos en detalle la programación de IA en NLP, TTS y STT, así como los algoritmos asociados que hacen posible estas tecnologías. Comprenderemos cómo estas áreas están transformando la experiencia del usuario y abriendo nuevas oportunidades en campos como la asistencia virtual, la accesibilidad y la automatización de tareas cotidianas.

Desde el reconocimiento de voz en dispositivos móviles hasta la generación de respuestas inteligentes en sistemas de *chatbot,* la programación de IA en NLP, TTS y STT está en el centro de la revolución digital, mejorando nuestra capacidad para comunicarnos y colaborar con la tecnología de manera más eficiente y efectiva.

A continuación se presenta una descripción detallada de la programación de inteligencia artificial (IA), poniendo el foco en las áreas de procesamiento del lenguaje natural (NLP), *text to speech* (TTS), *speech to text* (STT) y los algoritmos asociados.

Procesamiento del lenguaje natural (NLP)

El **procesamiento del lenguaje natural** *(**NLP** o natural language proces-sing)* es una rama de la inteligencia artificial que se centra en la interacción entre las máquinas (sistemas informáticos) y el lenguaje humano.

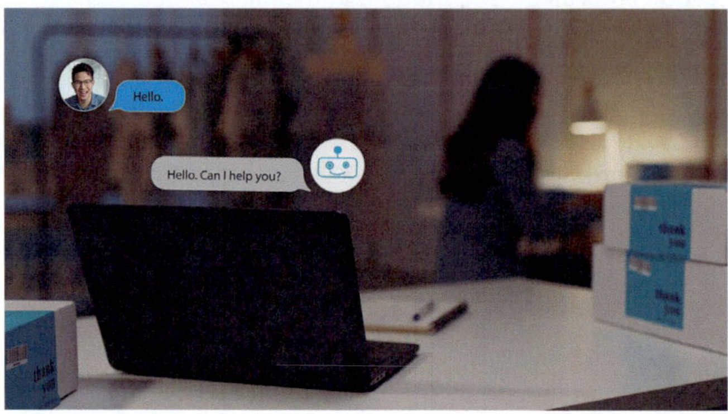

Los algoritmos de NLP permiten a las máquinas entender, interpretar y generar texto y discurso de manera similar a como lo hacen los humanos.

Los sistemas de *chatbot* que utilizan el procesamiento del lenguaje natural emplean algoritmos y modelos de lenguaje para comprender preguntas escritas en lenguaje natural. Estos algoritmos analizan el texto de entrada, identifican las palabras clave, comprenden la intención del usuario y extraen la información relevante. Luego, el *chatbot* consulta su base de conocimientos o base de datos para encontrar respuestas apropiadas y las presenta al usuario de manera comprensible. Este proceso permite a los *chatbots* responder de manera precisa y relevante a las consultas de los usuarios, ofreciendo una experiencia más intuitiva y efectiva en la interacción del usuario.

PARA SABER MÁS

Escanea el siguiente QR para acceder al artículo de IBM titulado **¿Qué es el procesamiento del lenguaje natural (NLP)?,** para conocer en mayor profundidad en qué consiste el procesamiento del lenguaje natural, enfoques y herramientas.

Continúa en página siguiente >>

<< Viene de página anterior

https://redirectoronline.com/ifcd990406

Text to speech (TTS – conversión de texto a voz)

La **tecnología TTS** (*text to speech*) convierte el texto escrito en discurso sintetizado, permitiendo que máquinas, robots o dispositivos hablen con una voz natural.

Los algoritmos TTS utilizan técnicas de síntesis de voz para generar una salida de audio que suena como habla humana.

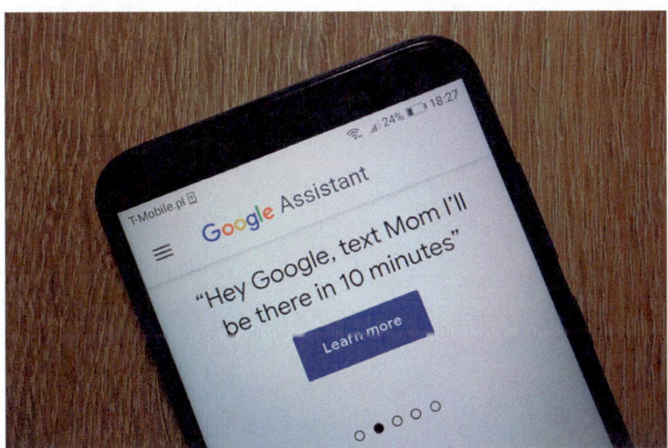

Los asistentes virtuales como Siri convierten respuestas escritas en discurso hablado.

Speech to text (STT – conversión de voz a texto)

Los algoritmos de STT convierten el discurso hablado en texto escrito, permitiendo que las computadoras comprendan y procesen comandos de voz.

Estos algoritmos utilizan modelos de reconocimiento de voz para transcribir el audio en palabras escritas.

 **EJEMPLO**

Los sistemas de reconocimiento de voz en teléfonos inteligentes permiten a los usuarios dictar mensajes de texto o realizar búsquedas en línea utilizando la voz del usuario voz. El algoritmo STT utiliza técnicas de procesamiento de señales de audio y modelos de inteligencia artificial para transcribir el habla en texto con precisión. Esto permite a los usuarios comunicarse con dispositivos y sistemas mediante comandos de voz, dictar mensajes de texto, realizar búsquedas *online* y muchas otras acciones sin necesidad de escribir manualmente.

Algoritmos asociados

Dentro de la programación de IA para NLP, TTS y STT, se utilizan una variedad de algoritmos, incluyendo modelos de aprendizaje profundo como las redes neuronales recurrentes (RNN) y las redes neuronales convolucionales (CNN).

Estos algoritmos son entrenados con grandes cantidades de datos de texto y voz para aprender patrones y relaciones complejas entre palabras y sonidos.

 EJEMPLO

Las redes neuronales recurrentes son normalmente utilizadas en tareas de NLP como el análisis de sentimientos o la traducción automática, mientras que las redes neuronales convolucionales se utilizan principalmente en sistemas de reconocimiento de voz para extraer características relevantes del espectro-grama de audio.

La programación de inteligencia artificial en áreas como NLP, TTS y STT implica el uso de algoritmos avanzados para permitir la comunicación natural entre humanos y máquinas. Estos avances están transformando la forma en que interactuamos con la tecnología y abriendo nuevas posibilidades en campos como la asistencia virtual, la accesibilidad y la automatización de tareas cotidianas.

SABÍAS QUE...

Gemini, desarrollado por *Google*, es una herramienta poderosa para la generación de código. Utiliza modelos avanzados de NLP para comprender las descripciones en lenguaje natural y convertirlas en código de diversos lenguajes de programación como *Python*, *Java* y *C++*. Esta herramienta es especialmente útil en el desarrollo de *software* porque permite a los desarrolladores enfocarse en la lógica de negocio y los requisitos funcionales, mientras que *Gemini* se encarga de generar el código repetitivo y estructural.

Por ejemplo, un desarrollador puede describir una función que filtre datos de un conjunto masivo basado en ciertos criterios, y *Gemini* generará el código necesario para implementar dicha función. Esta capacidad es fundamental en proyectos de *big data*, donde las tareas de manipulación y análisis de datos suelen ser complejas y propensas a errores.

Vertex AI es otra herramienta de *Google* que ofrece algunas API de Codey, diseñadas para la generación y finalización de código a partir de descripciones en lenguaje natural. *Vertex AI* se integra fácilmente con *Google Cloud*, proporcionando una plataforma robusta para el desarrollo de aplicaciones de IA.

En el contexto de *big data*, *Vertex AI* puede perfectamente ser utilizado para automatizar el procesamiento de grandes volúmenes de datos, crear modelos

Continúa en página siguiente >>

<< Viene de página anterior

de aprendizaje automático y desplegarlos en producción. Los desarrolladores describen en lenguaje natural las transformaciones de datos que necesitan realizar y *Vertex AI* genera el código correspondiente. Esto reduce significativamente el tiempo de desarrollo, reduciendo los errores.

En tecnologías de *lbockchain, Vertex AI* es capaz de desarrollar contratos inteligentes. Los contratos inteligentes son acuerdos programables que se ejecutan automáticamente cuando se cumplen ciertas condiciones. Utilizando descripciones en lenguaje natural, los desarrolladores pueden definir las reglas y condiciones de estos contratos. *Vertex AI* genera el código necesario en Solidity (el lenguaje de programación utilizado en Ethereum), facilitando la implementación y asegurando la precisión en los detalles del contrato.

2.5. Generación de código con inteligencia artificial

La **generación de código con IA** consiste en utilizar inteligencia artificial y aprendizaje automático para crear código a partir de descripciones en lenguaje humano. Esto permite a los desarrolladores ahorrar tiempo y esfuerzo, ya que pueden generar y completar código rápidamente, depurar errores y recibir explicaciones detalladas de cómo funciona el código.

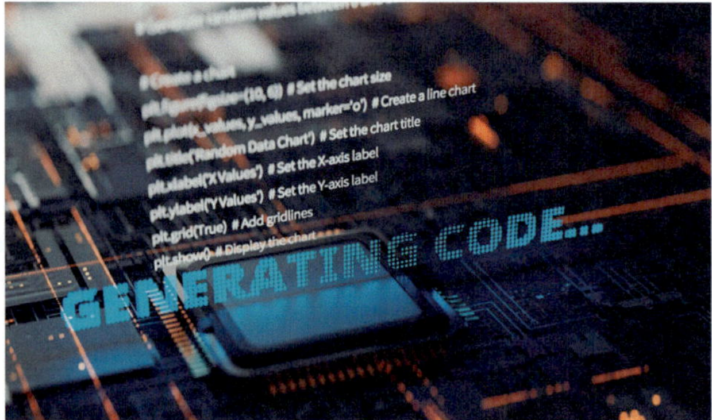

La generación de código con IA utiliza modelos de IA para interpretar descripciones en lenguaje natural y convertirlas en código en diversos lenguajes de programación.

Gemini Code Assist de *Google* es un ejemplo de herramienta que ofrece estas funcionalidades, permitiendo a los desarrolladores generar y completar código basándose en mejores prácticas y descripciones en lenguaje natural.

 **EJEMPLO**

Con la instrucción en Gemini Code Assist Crear una función en Python que sume dos números, se obtendría el siguiente resultado.

```python
def sumar_numeros(a, b):

return a + b
```

Gemini

Gemini de *Google* cuenta con un ecosistema de desarrolladores que engloba multitud de herramientas como *Android Studio, Colab, Firebase* y *Proyecto IDX.*

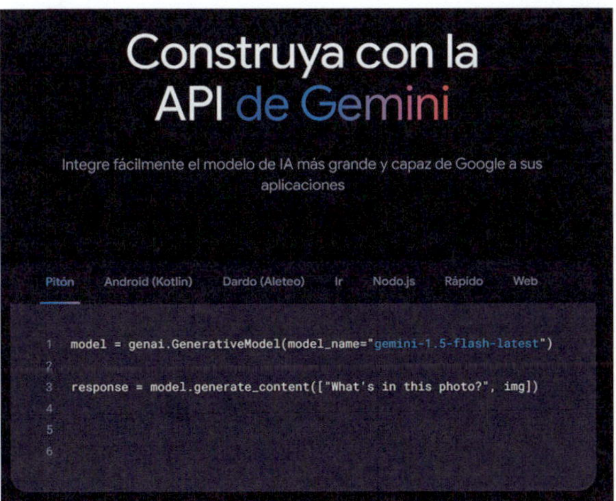

Gemini de Google es un potente modelo de IA con el que, además de otras aplicaciones, se puede generar, depurar y explicar código en más de veinte lenguajes de programación, como son C++, Go, Java, JavaScript, Python y TypeScript.

Cuando un usuario interactúa con el modelo de lenguaje grande de *Google AI,* este responde en un lenguaje natural similar al humano.

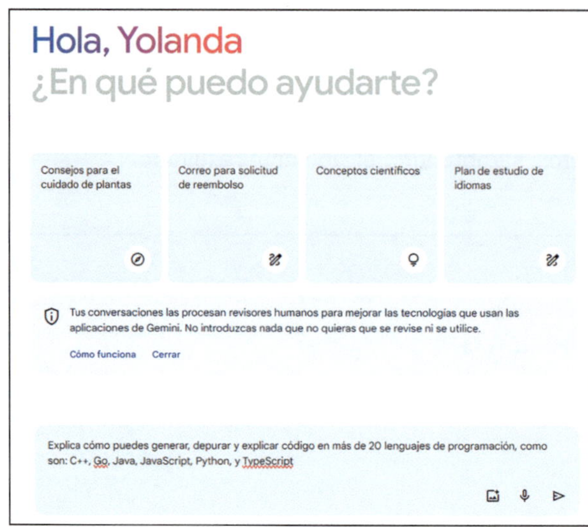

Interfaz de Gemini. Fuente: Google AI.

A continuación, se ilustra cómo el programa *Gemini (Google AI,* 2024) expone en un lenguaje natural, cómo es capaz de generar, depurar y explicar código en más de 20 lenguajes de programación. Veamos cuál es su respuesta.

Soy un modelo de lenguaje grande entrenado por Google AI con capacidades que van más allá de la simple comprensión y generación de texto. Entre mis habilidades se encuentra la capacidad de trabajar con código en diversos lenguajes de programación. A continuación, te explico cómo puedo generar, depurar y explicar código en más de veinte lenguajes de programación, incluyendo C++, Go, Java, JavaScript, Python y TypeScript.

Generación de código:

- ***A partir de descripciones naturales:*** *puedo generar código a partir de descripciones en lenguaje natural del problema que se quiere resolver. Por ejemplo, si me dices "Quiero escribir un programa que calcule la suma de dos números", puedo generar código equivalente en el lenguaje de programación que prefieras.*
- ***A partir de ejemplos:*** *si tienes un ejemplo de código que realiza una tarea similar a la que deseas, puedo utilizarlo como base para generar nuevo código. Solo tienes que proporcionarme el código existente y explicarme qué quieres que haga de manera diferente.*
- ***Completar código incompleto.*** *Si tienes un fragmento de código incompleto, puedo ayudarte a completarlo. Puedo identificar las partes*

faltantes y generar el código necesario para que el programa funcione correctamente.

Depuración de código:

- **Identificar errores.** *Puedo analizar tu código y detectar posibles errores sintácticos, semánticos y lógicos. Te indicaré la ubicación del error y te proporcionaré sugerencias sobre cómo solucionarlo.*
- **Explicar el comportamiento del código.** *Puedo explicar paso a paso cómo se ejecuta tu código y qué valores toman las variables en cada punto. Esto te ayudará a comprender mejor el funcionamiento de tu programa y a identificar posibles problemas.*
- **Sugerir mejoras.** *Puedo analizar tu código y sugerir mejoras en cuanto a legibilidad, eficiencia y rendimiento. También puedo ayudarte a refactorizar tu código para hacerlo más modular y mantenible.*

Explicación de código:

- **Explicación de fragmentos de código.** *Si no entiendes cómo funciona un fragmento de código, puedo explicártelo en términos sencillos. Te proporcionaré una descripción detallada de lo que hace el código y cómo funciona.*
- **Explicación de conceptos de programación.** *Si necesitas aprender un concepto de programación específico, puedo proporcionarte una explicación clara y concisa. También puedo ofrecerte ejemplos de código que ilustren el concepto en cuestión.*
- **Comparación de lenguajes de programación.** *Si necesitas comparar dos lenguajes de programación, puedo ayudarte a identificar las diferencias y similitudes entre ellos. También puedo proporcionarte ejemplos de código en ambos lenguajes para ilustrar las diferencias.*

Idiomas de programación compatibles:

Actualmente puedo trabajar con más de veinte lenguajes de programación, incluyendo:

- *C++*
- *Go*
- *Java*
- *JavaScript*
- *Python*
- *TypeScript*
- *C*
- *C#*
- *R*

- *Swift*
- *Kotlin*
- *PHP*
- *Ruby*
- *Perl*
- *Scala*
- *Rust*
- *Elm*
- *Haskell*
- *Idris*

Esta lista no es exhaustiva, estoy constantemente aprendiendo nuevos lenguajes de programación.

Cómo utilizar mis capacidades de código:

Para utilizar mis capacidades de código, puedes interactuar conmigo de varias maneras:

- ***A través de una interfaz web.*** *Puedes acceder a una interfaz web que me permite proporcionar instrucciones y código en lenguaje natural. La interfaz te mostrará el código generado y te permitirá depurarlo y explicarlo.*
- ***A través de una API.*** *Si eres desarrollador, puedes utilizar una API para integrarme en tus flujos de trabajo de desarrollo. La API te permite generar, depurar y explicar código de forma programática.*
- ***A través de una línea de comandos.*** *También puedes utilizar una línea de comandos para interactuar conmigo. La línea de comandos te permite proporcionar instrucciones y código en lenguaje natural, y te mostrará el código generado, depurado y explicado.*

Espero que esta información te haya sido útil. Si tienes alguna pregunta o necesitas ayuda para utilizar mis capacidades de código, no dudes en contactarme.

En los lenguajes de programación, especialmente en aquellos orientados a objetos y de *scripting* como *Python,* las listas de diccionarios son una estructura de datos frecuentemente utilizada. Estas estructuras combinan las características de las listas y los diccionarios para manejar datos con eficiencia y flexibilidad.

Para comprender mejor la utilidad de estas estructuras, considera una aplicación de gestión de una biblioteca donde cada libro tiene un título, un autor y un año de publicación. Usar una lista de diccionarios para almacenar esta información podría verse de esta manera:

```python
libros = [
{"titulo": "Cien años de soledad", "autor": "Gabriel
García Márquez", "año": 1967},
{"titulo": "1984", "autor": "George Orwell", "año":
1949},
{"titulo": "El Quijote", "autor": "Miguel de
Cervantes", "año": 1605}
]
# Accediendo y manipulando datos
for libro in libros:
print(f"'{libro['titulo']}' escrito por
{libro['autor']} en {libro['año']}")
```

Cada libro es un diccionario y la lista libros contiene todos estos diccionarios, lo que permite un acceso fácil y claro a la información de cada libro.

Se utilizan las listas de diccionarios principalmente porque permiten almacenar pares clave-valor, lo cual es ideal para representar entidades con múltiples atributos. Los motivos son:

Dinamismo
Las listas de diccionarios permiten agregar, eliminar y modificar elementos fácilmente. Esta flexibilidad es muy importante para muchas aplicaciones que requieren manipulación dinámica de datos.

Legibilidad del código
El uso de diccionarios dentro de listas hace que el código sea claro y legible. Cada elemento de la lista es un diccionario, y cada diccionario tiene claves descriptivas que indican qué tipo de información contiene. Esto permite mejorar la autoexplicación del código.

EJEMPLO

Estamos desarrollando una aplicación para gestionar los empleados de una empresa. Necesitamos agregar, eliminar y modificar los datos de los empleados,

Continúa en página siguiente >>

<< Viene de página anterior

así como mantener el código claro y legible. Las listas de diccionarios permiten agregar, eliminar y modificar elementos fácilmente, lo cual es clave para programas o aplicaciones que requieren que sus datos sean manipulados de forma dinámica. Por otra parte, la utilización de diccionarios dentro de listas aporta claridad y legibilidad. Por ejemplo:

- **Lista de diccionarios que representa a los empleados de una empresa**

```
empleados = [
{"id": 1, "nombre": "Ana", "edad": 28, "puesto":
"desarrolladora"},
{"id": 2, "nombre": "Juan", "edad": 35, "puesto":
"analista de datos"},
{"id": 3, "nombre": "María", "edad": 40, "puesto":
"gerente de proyectos"}
]
```

- **Agregar un nuevo empleado**

Se utiliza el método *append* para añadir un nuevo diccionario a la lista empleados.

```
nuevo_empleado = {"id": 4, "nombre": "Carlos", "edad": 30,
"puesto": "diseñador UX"}
empleados.append(nuevo_empleado)
```

- **Eliminar un empleado por ID**

Se utiliza una lista por comprensión para crear, por ejemplo, una nueva lista sin el empleado cuyo id es 2.

Continúa en página siguiente >>

<< Viene de página anterior

```
empleados = [empleado for empleado in empleados if
empleado["id"] != 2]
```

- **Modificar los datos de un empleado existente**

Para modificar los datos de un empleado existente, se itera sobre la lista de empleados y se actualizan los campos del diccionario correspondiente, por ejemplo, al empleado con id 3.

```
for empleado in empleados:
if empleado["id"] == 3:
empleado["edad"] = 41 # Actualizando la edad
empleado["puesto"] = "jefe de proyectos" #
Actualizando el puesto
```

- **Mostrar la lista actualizada de empleados**

Para mostrar la lista actualizada de empleados se itera sobre la lista de empleados y se imprime la información de cada uno.

```
for empleado in empleados:
print(f"ID: {empleado['id']}, Nombre: {empleado['nombre']},
Edad: {empleado['edad']}, Puesto: {empleado['puesto']}")
```

En este ejemplo se observa que la estructura permite agregar, eliminar y modificar empleados de forma sencilla y con flexibilidad. Igualmente, cada empleado es representado por un diccionario con claves descriptivas (id, nombre, edad, puesto), haciendo que el código sea fácil de entender y de mantener.

Este enfoque es útil en muchas aplicaciones en que los datos deben ser manipulados dinámicamente, mientras se mantiene el código limpio y fácil de seguir.

La generación de código con inteligencia artificial es una excelente alternativa para el uso de diccionarios y librerías en lenguajes de programación, debido a su capacidad para automatizar tareas repetitivas y complejas, garantizar la correcta sintaxis y estructura, y proporcionar sugerencias inteligentes que optimicen el código.

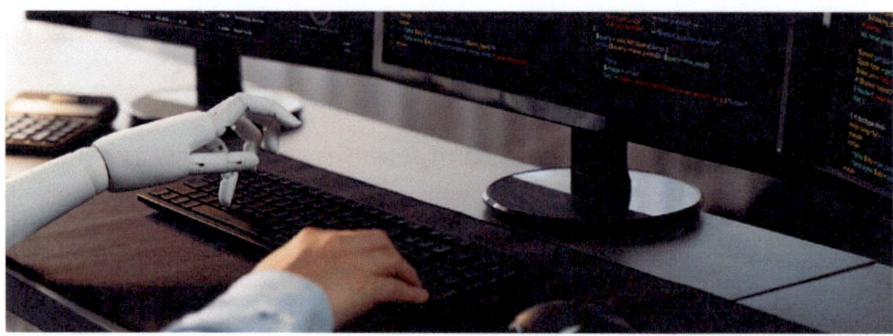

Esta tecnología es capaz de interpretar descripciones en lenguaje natural y convertirlas en código eficiente, acelerando el desarrollo, reduciendo errores manuales y permitiendo a los desarrolladores centrarse en aspectos que aporten mayor valor de sus proyectos. Con todo y eso, la inteligencia artificial es capaz de recomendar las mejores prácticas y librerías más adecuadas, mejorando la calidad y el mantenimiento del código.

Vertex AI

Vertex AI de Google Cloud también ofrece algunas **API de Codey,** lo que permite generar y completar código basándose en descripciones en lenguaje natural. Basta con:

1 Describir la funcionalidad que necesitas.

2 La IA interpreta la descripción y genera el código.

3 La IA te sugerirá mejoras y te ayudará a depurar el código.

Las **API de Codey** de *Vertex AI* de *Google Cloud* son interfaces de programación de aplicaciones que utilizan inteligencia artificial avanzada para ayudar a generar, completar y gestionar código en varios lenguajes de programación. Estas API aprovechan el modelo *Gemini* de *Google* para interpretar descripciones en lenaguaje natural proporcionadas por los usuarios y convertirlas en código funcional. Igualmente, las API de Codey son capaces de sugerir autocompletados, responder preguntas sobre el código y proporcionar ejemplos de implementación. Todo ello facilita el trabajo de los profesionales desarrolladores al automatizar y optimizar tareas de programación, que en ocasiones son rutinarias y complejas.

 **EJEMPLO**

Con la instrucción en Vertex AI Escribe una función en JavaScript que verifique si un número es par, se obtendría el siguiente resultado.

```javascript
function esPar(num) {

    return num % 2 === 0;

}
```

Recuerda que las ventajas de utilizar IA para generar código son varias: por una parte, proporciona un ahorro de tiempo en la escritura y depuración de código; por otra, aporta precisión, al reducir errores humanos, lo que permite mejorar la calidad del código. También consigue que los desarrolladores se centren en la lógica y en el diseño, dejando la implementación detallada a la IA.

 **PARA SABER MÁS**

Escanea los siguientes QR para conocer más sobre las plataformas ***Vertex AI*** de *Google Cloud*.

Continúa en página siguiente >>

<< Viene de página anterior

https://redirectoronline.com/ifcd990407

Y para conocer más sobre la plataforma ***Api* de Codey.**

https://redirectoronline.com/ifcd990408

TAREA 2

Una clínica médica desea mejorar su proceso de análisis de datos de pacientes mediante la automatización del cálculo del índice de masa corporal (IMC) de cada individuo. La clínica dispone de estos datos de cada paciente: nombre, peso y altura.

Juan = 70 kilos y 1,75 de altura

Ana = 65 kilos y 1,68 de altura

Luis = 80 kilos y 1,80 de altura

Desean un *script* en *Python* que procese estos datos, calcule el IMC de cada persona y muestre los resultados de forma clara.

Según el enunciado, utiliza alguna de las herramientas de generación de código con IA para obtener un *script* en el lenguaje de programación *Python* que

Continúa en página siguiente >>

<< Viene de página anterior

procese una lista de diccionarios. Cada uno debe contener el nombre, peso (en kg) y altura (en metros) de un paciente. El *script* debe calcular el IMC de cada paciente y mostrar el resultado en un formato legible.

2.6. Inteligencia artificial aplicada a *big data, blockchain,* 5G y *smart cities*

En la era digital actual, la intersección entre la inteligencia artificial y las tecnologías emergentes como el *big data,* el *blockchain,* la conectividad 5G y el desarrollo de *smart cities* está redefiniendo la forma en que interactuamos con nuestro entorno y gestionamos la información. Estas sinergias ofrecen un potencial sin precedentes para optimizar procesos, mejorar la eficiencia y crear entornos urbanos más inteligentes y sostenibles. En este análisis, exploraremos cómo la aplicación de la inteligencia artificial en áreas como el *big data,* el *blockchain,* la infraestructura 5G y las ciudades inteligentes están transformando industrias enteras y redefiniendo el concepto de **innovación tecnológica.** Desde la optimización de servicios públicos hasta la gestión de datos a gran escala y la creación de redes de comunicación ultrarrápidas, esta convergencia está impulsando avances significativos que afectan directamente a la sociedad en su conjunto. En este contexto, examinaremos en detalle cómo la inteligencia artificial potencia estas tecnologías, los desafíos y las oportunidades que presenta, así como ejemplos concretos de su aplicación en diversas áreas, desde la salud hasta la movilidad urbana. Esta exploración nos permitirá comprender mejor el impacto transformador de la IA en el panorama tecnológico actual y su papel clave en la creación de un futuro más inteligente, conectado y sostenible.

Inteligencia artificial aplicada a *big data*

El *big data* hace referencia a un conjunto de potentes tecnologías capaces de almacenar, procesar y analizar grandes volúmenes de datos para extraer información valiosa y patrones significativos.

La inteligencia artificial desempeña un papel protagonista en esta área al proporcionar algoritmos y técnicas avanzadas para analizar datos de forma eficiente, además de ser capaz de realizar predicciones precisas. Los sistemas de IA tienen la capacidad de identificar con agilidad correlaciones complejas entre conjuntos de datos heterogéneos. Esto permite a las organizaciones tomar decisiones basadas en datos en tiempo real y descubrir conocimientos ocultos que de otro modo podrían pasar desapercibidos o bien se tardaría años luz en ser descubiertos.

EJEMPLO

En el sector financiero, los bancos utilizan sistemas de IA para analizar grandes volúmenes de transacciones financieras y detectar actividades fraudulentas con mayor precisión y rapidez.

La inteligencia artificial desempeña un papel muy importante en la **explotación de los datos** dentro del ecosistema del *big data*. Los algoritmos de IA son capaces de analizar grandes cantidades de datos con gran eficiencia y precisión, permitiendo a las organizaciones obtener en tiempo real los valiosos.

Las **técnicas de minería de datos (*data mining*)** permiten que puedan ser tratados grandes volúmenes de datos, con independencia de si estos son estructurados, semiestructurados o no estructurados.

La siguiente imagen describe el proceso en el que la extracción de datos termina convirtiéndose en fuente de conocimiento para la toma de importantes decisiones en las organizaciones.

IMPORTANTE

Las técnicas de minería de datos exploran un conjunto de datos previamente depurados para evitar sobrecargar los algoritmos con información innecesaria. Este proceso inicial de limpieza de datos asegura que solo se utilicen datos relevantes, aunque es posible que aún queden algunos errores que necesiten corrección durante la construcción del modelo de aprendizaje automático.

**Proceso de transformación de datos en conocimiento
con la intervención de la minería de datos**

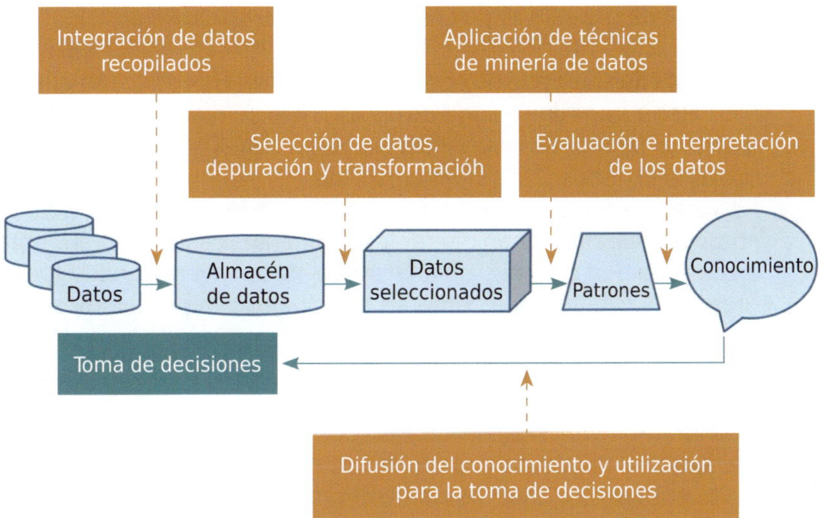

En la minería de datos se llevan a cabo distintos tipos de trabajos:

○ **Tareas descriptivas.** Consiste en la identificación de patrones que dan explicación a los datos o a sus resúmenes.
Las tareas descriptivas del *data mining* buscan y describen las reglas de asociación de patrones secuenciales. Por ejemplo:

◑ Consigue establecer la relación de productos que suelen ser adquiridos al mismo tiempo por un consumidor dentro de un mismo comercio.

○ **Tareas predictivas.** Consiste en la estimación de valores futuros que son desconocidos y de los que se obtienen a través de variables existentes en la base de datos.
Las tareas predictivas del *data mining* consisten en, una vez encontradas las reglas de asociación, para predecir y estimar comportamientos. Por ejemplo:

◑ Desde un enfoque de la medicina, se puede estimar el desencadenante futuro de una enfermedad.

Para llevar a cabo tanto las tareas descriptivas como las tareas predictivas en la minería de datos, el científico de datos tendrá que utilizar una serie de técnicas diferentes para sacar el mejor provecho a los datos:

- **Técnicas de sistemas de agrupamiento.** Con las que se obtienen datos naturales agrupados a partir de un volumen de datos iniciales. Recuerda que estas técnicas se reconocen también con el nombre de técnicas de *clustering* o técnicas de segmentación.
  Por ejemplo, un supermercado puede utilizar técnicas de *clustering* para agrupar a sus clientes en diferentes segmentos basados en sus patrones de compra. Por ejemplo, un análisis de agrupamiento puede identificar grupos de clientes que compran principalmente productos orgánicos, productos de limpieza en grandes cantidades, o aquellos que frecuentan la sección de productos frescos.
- **Técnicas de reglas de asociación.** Con las que se consigue identificar relaciones ocultas entre variables.
  Por ejemplo, un supermercado puede aplicar reglas de asociación para descubrir que los clientes que compran pan también suelen comprar mantequilla. Esto permite al supermercado decidir dónde colocar ambos productos para aumentar las ventas.
- **Técnicas de reglas de asociación secuenciales.** Con las que se consiguen identificar reglas de asociación en las que se acuerdan relaciones temporales entre datos.
  Por ejemplo, una tienda *online* puede identificar que los clientes que compran un teléfono móvil suelen comprar una funda protectora dentro de los siguientes dos días. Con esta información, pueden enviar recomendaciones personalizadas para vender la funda justo después de la compra del móvil.
- **Técnicas correlacionales.** Con las que se obtienen grados de semejanza entre distintas variables cuantitativas.
  Por ejemplo, una empresa puede utilizar técnicas correlacionales para descubrir que hay una alta correlación entre el incremento en el gasto en publicidad y un aumento en las ventas. Esto permite a la empresa planificar mejor sus campañas publicitarias.
- **Técnicas de clasificación.** Con las que se consigue hacer una predicción de la clase (valor de un atributo) a la que pertenecen objetos teniendo en cuenta otras variables.
  Por ejemplo, en el ámbito de la salud, se pueden usar técnicas de clasificación para predecir si un paciente tiene una enfermedad específica (por ejemplo, diabetes) basándose en variables como edad, peso, niveles de glucosa, presión arterial, etc.
- **Técnicas de regresión.** Con las que se consigue hacer una predicción del valor que toma una determinada variable en nuevos elementos partiendo de la información proporcionada por el resto de variables.

Por ejemplo, un agente inmobiliario puede valerse de las técnicas de regresión para predecir el precio de una vivienda basándose en variables como la ubicación, el tamaño, el número de habitaciones y otros factores importantes.

 **TAREA 3**

Una cadena de supermercados desea optimizar sus estrategias de venta y mejorar la experiencia de compra de su clientela. Para ello, ha recopilado una gran cantidad de datos sobre el comportamiento de compra de sus clientes, incluyendo información sobre los productos comprados, la frecuencia de compra, el gasto total por visita y las promociones aplicadas. La dirección de la cadena quiere utilizar estos datos para responder a varias preguntas estratégicas:

a. Segmentar a los clientes para diseñar campañas de *marketing* personalizadas.
b. Identificar productos que suelen comprarse juntos para mejorar la disposición de los productos en las tiendas.
c. Predecir las ventas futuras basándose en patrones históricos.
d. Evaluar el impacto de las promociones en las ventas de productos específicos.

A partir de la información proporcionada, ¿qué técnicas de minería de datos deberían utilizarse para responder a cada una de las preguntas estratégicas planteadas por la cadena de supermercados? Ayuda a la gerencia a reconocer las técnicas de minería de datos que mejor se adaptan a las necesidades específicas del análisis comercial, proporcionando *insights* valiosos que pueden guiar las decisiones estratégicas de la cadena de supermercados.

Argumenta tu respuesta.

- -

La combinación de *big data* e inteligencia artificial ofrece una poderosa herramienta para transformar numerosos sectores a través de la capacidad de procesar y analizar vastos volúmenes de datos en tiempo real. Una información significativa es que la IA aplicada a *big data* permite no solo detectar fraudes financieros, sino también optimizar operaciones logísticas, personalizar experiencias de usuario y mejorar la atención sanitaria, entre otras muchas cuestiones.

Por ejemplo, en el ámbito de la salud, los algoritmos inteligentes analizan grandes conjuntos de datos médicos para:

- ⮑ Predecir brotes de enfermedades.
- ⮑ Personalizar tratamientos y mejorar diagnósticos.

 **SABÍAS QUE...**

Según un informe de McKinsey, las aplicaciones de IA y *big data* en la atención sanitaria podrían generar ahorros de hasta 100 mil millones de dólares anuales en el sector estadounidense, al optimizar la eficiencia operativa y mejorar los resultados clínicos (McKinsey & Company, 2018).

En otro contexto, la plataforma de *streaming Netflix* utiliza IA y *big data* para analizar patrones de visualización y personalizar recomendaciones de contenido para sus usuarios. Esta fusión tecnológica ha sido un factor clave en su éxito y en su alta tasa de retención de clientela. Según *Netflix*, sus algoritmos de recomendación impulsados por IA representan el 80 % de las horas de visualización en la plataforma (Gómez-Uribe & Hunt, 2015).

Google, o cualquier gran plataforma, utiliza una gran base de datos para ofrecer respuestas a los usuarios. Los datos manejados por las grandes compañías tecnológicas sustentan la base de sus innovaciones.

Por todo ello, y para cualquier tipo de empresa pueda implementar un sistema de inteligencia artificial con éxito, es necesario realizar un paso previo relacionado con la gestión de los datos.

Hoy en día existen herramientas de fácil implementación que permiten a cualquier usuario aplicar técnicas de minerías de datos e incluso de creación de modelos de inteligencia artificial con la que poder poner en práctica los conocimientos teóricos aprendidos.

En la actualidad hay numerosas plataformas que pueden utilizarse para aplicar diferentes técnicas de data mining. En ellas se pueden introducir datos, añadir criterios e incluso dar instrucciones sobre las estrategias basadas en inteligencia artificial que se quieran aplicar en la actividad del negocio.

NOTA

Más adelante descubrirás algunas plataformas de exploración de datos que cuentan con interesantes características para aplicar las técnicas de minería al conjunto de datos y desarrollar modelos de IA.

Inteligencia artificial aplicada a *blockchain*

Blockchain es otra tecnología disruptiva de **registro distribuido** que permite la creación de bases de datos seguras y descentralizadas.

DEFINICIÓN

Registro distribuido

Un registro distribuido significa que la información no se almacena en un único lugar, sino que se distribuye a través de múltiples nodos (computadoras) en una red. Cada nodo tiene una copia completa del registro, lo cual hace que la información sea más segura y resistente a manipulaciones. En lugar de depender de una autoridad central, la validación y actualización de los datos se realiza de manera consensuada entre todos los nodos participantes.

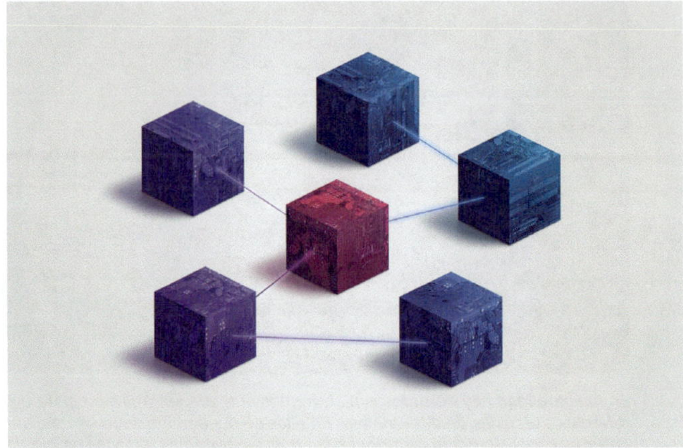

Blockchain o cadena de bloques es una tecnología de registro descentralizado que permite almacenar datos de forma segura, transparente y a prueba de manipulaciones. Se utiliza principalmente para registrar transacciones de manera pública y verificable.

El **funcionamiento de *blockchain*** puede explicarse de manera sencilla en cinco pasos.

---

1. Transacción inicial

Imagina que alguien quiere enviar dinero a otra persona. Esta transacción se registra en un bloque, junto con otras transacciones que ocurrieron al mismo tiempo.

---

2. Verificación de transacciones

Antes de que el bloque pueda ser añadido a la cadena, las transacciones en el bloque deben ser verificadas por una red de ordenadores, también conocidas como nodos. Estas máquinas utilizan algoritmos para validar que las transacciones son legítimas.

---

3. Creación de bloque

Una vez verificadas, las transacciones se agrupan en un bloque. Cada bloque contiene un conjunto de transacciones, un sello temporal y un enlace al bloque anterior mediante un *hash*, que es una cadena única de caracteres generada a partir de los datos del bloque anterior.

Continúa en página siguiente >>

<< Viene de página anterior

---

4. Adición a la cadena

El nuevo bloque se añade a la cadena existente de bloques, de aquí el nombre, *blockchain.* Este proceso garantiza que cada transacción esté cronológicamente vinculada y es inmutable, es decir, no es alterable.

---

5. Descentralización y seguridad

La naturaleza descentralizada de la *blockchain* significa que no hay un solo punto de control. Cada nodo de la red tiene una copia de toda la cadena de bloques. Esto hace que sea extremadamente difícil para los *hackers* manipular los datos, ya que tendrían que alterar todas las copias de forma simultánea.

 **EJEMPLO**

Piensa en un libro contable en el que se anoten todas las transacciones de una comunidad de propietarios. Este libro tiene muchas copias distribuidas por toda la comunidad. Cada vez que se realiza una transacción, todas las copias del libro deben actualizarse. Si algún vecino intenta alterar una transacción en su copia, las demás copias no coincidirán y la comunidad detectará la discrepancia, lo cual asegura la integridad del libro contable. Este es el principio básico de funcionamiento de *blockchain.*

El papel de la inteligencia artificial en *blockchain* se justifica para mejorar la seguridad, la eficiencia y la transparencia de las transacciones. Los algoritmos de IA pueden analizar patrones de comportamiento en la cadena de bloques para detectar actividades sospechosas o fraudulentas. Además, la IA puede utilizarse para mejorar la escalabilidad y la interoperabilidad de las redes *blockchain,* así como para automatizar procesos de toma de decisiones basados en contratos inteligentes.

En el sector de la logística, la combinación de inteligencia artificial y blockchain permite realizar un seguimiento transparente y seguro de la cadena de suministro, desde la producción hasta la entrega final.

Un algoritmo de inteligencia artificial muy utilizado en transacciones con *blockchain* es el **algoritmo de consenso.** Uno de los más conocidos algoritmos de consenso es el **algoritmo de prueba de trabajo** *(proof of work, PoW),* utilizado en *blockchain* como Bitcoin. Fíjate en qué consiste cada uno:

- **Algoritmo de consenso.** El algoritmo de consenso es el protocolo que permite a los nodos en una red *blockchain* ponerse de acuerdo sobre el estado de la red y validar nuevas transacciones. Además del algoritmo de **prueba de trabajo (PoW), hay otros algoritmos de consenso, como prueba de participación (PoS), prueba de autoridad (PoA), prueba de espacio y tiempo** *(proof of space and time, PoST),* etc.
- **Algoritmo prueba de trabajo (PoW).** En PoW, los nodos de la red compiten entre sí para resolver un problema criptográfico complejo. Este problema requiere una cantidad significativa de poder computacional para resolverlo, pero la solución es fácil de verificar. El nodo que resuelve el problema primero tiene derecho a agregar un nuevo bloque a la cadena de bloques y es recompensado con una cantidad de la criptomoneda nativa de esa *blockchain* (como bitcoins en el caso de Bitcoin). Este proceso es conocido como **minería.** La dificultad del problema se ajusta automáticamente para mantener constante el tiempo promedio entre bloques. PoW se utiliza principalmente para validar transacciones en la red de Bitcoin y otras *blockchains* que lo adoptan. Cada transacción debe ser incluida en un bloque y validada por los nodos mineros a través de este proceso de prueba de trabajo.

Inteligencia artificial aplicada a 5G

El 5G es la quinta generación de tecnología de comunicaciones móviles. Ofrece velocidades de datos ultrarrápidas, menor latencia y mayor capacidad de conexión. La inteligencia artificial aprovecha todas esas capacidades para optimizar el rendimiento de las redes 5G, mejorar la calidad de servicio y facilitar nuevas aplicaciones y servicios. Dicha optimización también se expresa de la manera siguiente:

- **Realizan un análisis predictivo del tráfico de red.** Piensa que una red 5G es como una autopista que atraviesa una ciudad. La inteligencia artificial actúa como un sistema de gestión de tráfico avanzado que supervisa constantemente el flujo de vehículos que transitan por la autopista. Utilizando cámaras de vigilancia y sensores de tráfico, la IA recopila datos sobre la velocidad de los coches, motocicletas, camiones, el número de vehículos en cada carril y los patrones de tráfico a lo largo del día. Basándose en todos estos datos, la inteligencia artificial es capaz de predecir cómo será el tráfico en la autopista en diferentes momentos del día, con idea de poder tomar medidas preventivas para evitar congestiones. Por ejemplo, si se espera un aumento en el número de vehículos durante las horas pico de la tarde, el sistema ajustaría dinámicamente los semáforos para dar prioridad al tráfico en dirección al centro de la ciudad, o puede desviar parte del tráfico a rutas alternativas para aliviar la congestión en esta autopista.

La inteligencia artificial también aprende de situaciones pasadas. Por ejemplo, si en el pasado se produjeron atascos de tráfico debido a un evento especial en la ciudad, como un concierto o un partido de fútbol, el sistema puede anticipar eventos similares en el futuro y tomar medidas preventivas, como desplegar más patrullas de tráfico o ajustar los tiempos de los semáforos en las áreas cercanos al evento.

- **Optimizan el enrutamiento de datos.** Los algoritmos de inteligencia artificial pueden analizar el tráfico de red en tiempo real y con ello tomar decisiones sobre cómo enrutar los datos de forma más efectiva. Por ejemplo, son capaces de identificar rutas alternativas menos congestionadas o reconfigurar dinámicamente la topología de la red para evitar cuellos de botella y minimizar la latencia en la transmisión de datos.

- **Gestionan de forma dinámica los recursos de red para adaptarse a las demandas cambiantes.** La inteligencia artificial hace una monitorización continua del estado de la red, incluyendo la carga de los nodos, el ancho de banda disponible y otros parámetros clave. Basándose en esta información y en los datos de tráfico históricos y predictivos, los algoritmos de IA son capaces de asignar dinámicamente recursos de red según sea necesario para satisfacer las demandas cambiantes. Por ejemplo, si se detecta un aumento repentino en el tráfico de datos en una determinada área geográfica, la IA asignaría más ancho de banda y capacidad de procesamiento a esa área para evitar la degradación del servicio.

EJEMPLO

En entornos urbanos, la inteligencia artificial utiliza datos de sensores IoT y análisis de *big data* para gestionar el tráfico de manera inteligente y reducir la congestión en las redes 5G.

Sin duda, la inteligencia artificial y el 5G están transformando las comunicaciones móviles y habilitando nuevas aplicaciones y servicios. A continuación, se presentan muestras de estas mejoras:

- ***Edge computing* y 5G.** La combinación de inteligencia artificial y el 5G permite el *edge computing,* que consiste en procesar datos cerca del lugar donde se generan, en lugar de enviarlos a través de la red a centros de datos remotos. Esto reduce la latencia y permite aplicaciones en tiempo real, como el disfrute de la realidad aumentada y la conducción autónoma.
- **Telemedicina avanzada.** Con el 5G y la inteligencia artificial, la telemedicina está avanzando significativamente. Los profesionales de la medicina ya que pueden realizar diagnósticos más precisos y ultrarrápidos utilizando imágenes médicas de alta calidad transmitidas en tiempo real a través de redes 5G. Igualmente, la IA es de vital ayuda para la interpretación de estas imágenes, pues mejora la eficiencia y la precisión del diagnóstico.
- **Ciudades inteligentes y movilidad.** Además de la gestión del tráfico, la inteligencia artificial en combinación con el 5G está enfocada a mejorar la movilidad urbana de muchas otras maneras. Por ejemplo: optimizando el uso del transporte público, facilitando el estacionamiento inteligente, gestionando la infraestructura de energía de forma más eficiente y mejorando la seguridad pública con sistemas de vigilancia inteligente.

⮕ **Industria 4.0.** En entornos industriales, la combinación de 5G e inteligencia artificial permite la automatización avanzada y la optimización de procesos. Los robots y la maquinaria autónoma pueden comunicarse de forma más rápida y confiable a través de las redes 5G, mientras que los algoritmos de IA se encargan de optimizar la producción, predecir fallos en las maquinarias empleadas y mejorar la calidad del producto.

⮕ **Entretenimiento inmersivo.** El 5G habilita experiencias de entretenimiento inmersivas, como son la realidad virtual y la realidad aumentada, debido a que cuenta con una menor latencia y velocidades de transmisión más rápidas. La inteligencia artificial mejora estas experiencias mediante la personalización de contenido y la optimización de la calidad de imagen en tiempo real.

Inteligencia artificial aplicada a *smart cities*

Las ***smart cities*** o **ciudades inteligentes** utilizan tecnologías avanzadas para mejorar la calidad de vida de los ciudadanos, optimizar la gestión de recursos y promover la sostenibilidad.

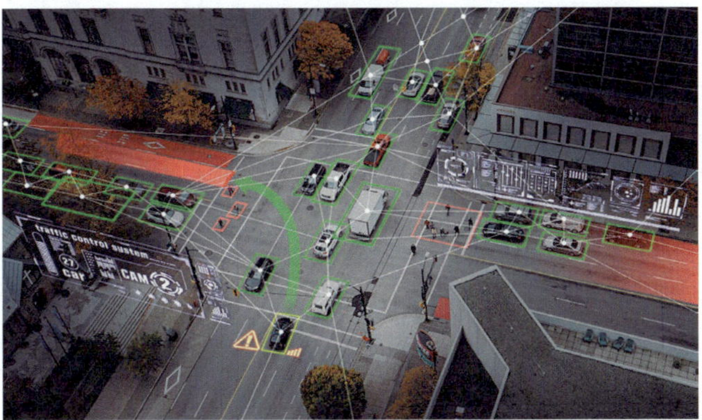

Una ciudad inteligente, también conocida como smart city, es un concepto que hace referencia a una comunidad urbana que utiliza la tecnología de la información y la comunicación (TIC) para mejorar la calidad de vida de sus habitantes, aumentar la eficiencia operativa de los servicios municipales y promover el desarrollo sostenible.

Las ciudades inteligentes integran diversas tecnologías, como sensores IoT (internet de las cosas), redes de comunicación avanzadas, análisis de datos, inteligencia artificial y sistemas de gestión inteligente. Todas estas tecnologías se usan para **recopilar, procesar** y **analizar datos en tiempo real.** Los datos capturados se utilizan para tomar decisiones a partir de la información y optimizar el funcionamiento de la ciudad en áreas como el transporte, la energía, la gestión de residuos, la seguridad pública, la salud, la educación, etc. Sus características principales son las siguientes:

⮞ **Conectividad.** Una infraestructura de comunicaciones sólida que proporciona conectividad de alta velocidad y cobertura amplia para la ciudadanía, las empresas, las organizaciones y los dispositivos conectados.

⮞ **Gestión eficiente de recursos.** Utilización inteligente de recursos como la energía, el agua, el transporte y el espacio urbano para minimizar el impacto ambiental y maximizar la eficiencia.

⮞ **Participación ciudadana.** Fomento de la participación activa de la ciudadanía en la toma de decisiones mediante el uso de plataformas digitales y aplicaciones móviles.

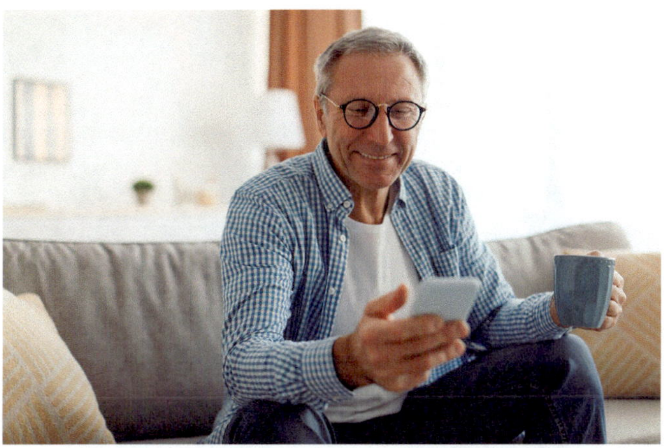

⮐ **Sostenibilidad.** Integración de prácticas sostenibles para reducir la huella ecológica y promover un desarrollo urbano equilibrado.

⮐ **Innovación.** Promoción de la innovación tecnológica y la colaboración entre el sector público, privado y académico para resolver los desafíos urbanos.

La inteligencia artificial es fundamental para el desarrollo de las *smart cities*, ya que puede analizar datos en tiempo real de sensores IoT, cámaras de vigilancia y otros dispositivos conectados para tomar decisiones informadas y automatizar procesos. La IA puede utilizarse para gestionar el tráfico, mejorar la eficiencia energética, prevenir delitos y proporcionar servicios públicos personalizados.

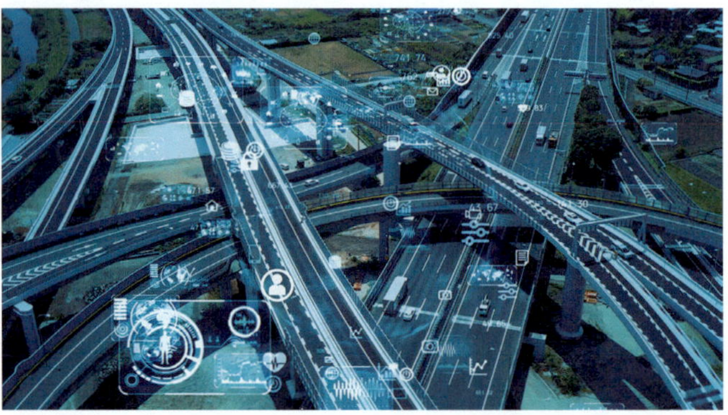

En una smart city los sistemas de IA analizan grandes volúmenes de datos relacionados con el tráfico en tiempo real para optimizar la sincronización de semáforos y reducir los tiempos de viaje de los ciudadanos.

A continuación, se nombran y definen algunos importantes algoritmos de inteligencia artificial empleados en la tecnología de las *smart cities*:

- **Algoritmos de optimización de rutas.** Se utilizan para encontrar las rutas más eficientes y rápidas para el transporte público, la entrega de bienes, la gestión de flotas y el tráfico vehicular, para optimizar el uso de los recursos y minimizar los tiempos de viaje.

Algunos de estos algoritmos son:

- Algoritmo de Dijkstra
- Algoritmo genético
- Algoritmos de búsqueda heurística (como A∗, búsqueda en profundidad limitada, búsqueda en amplitud, etc.)

- **Algoritmos de predicción de demanda de transporte.** Utilizan técnicas de aprendizaje automático para analizar datos históricos de transporte, como el uso del transporte público, el tráfico de vehículos y los patrones de movilidad de los ciudadanos. Con esta información, predicen la demanda futura de transporte en diferentes momentos del día y en diferentes áreas de la ciudad, lo cual permite una planificación más optimizada de los servicios de transporte.
  Algunos de estos algoritmos son:

  - Modelos de regresión (como regresión lineal, regresión logística).
  - Redes neuronales artificiales (como perceptrón multicapa, redes neuronales recurrentes).
  - Máquinas de vectores de soporte (SVM)
  - Árboles de decisión y bosques aleatorios.

- **Algoritmos de gestión de energía.** Se utilizan para optimizar el uso de la energía en la ciudad, gestionar la demanda eléctrica y reducir los altos costes energéticos. Son capaces de ajustar dinámicamente la generación y distribución de energía en función de la demanda en tiempo real y las condiciones ambientales.
  Algunos de estos algoritmos son:

  - Programación lineal.
  - Análisis de series temporales.
  - Algoritmos de optimización convexa (como el algoritmo del gradiente descedente).

- **Algoritmos de análisis de sentimientos en redes sociales.** Se utilizan para analizar los comentarios y publicaciones en redes sociales relacionados con los intereses de la ciudadanía, como *X, Facebook, Tiktok* o *Instagram*. Utilizan técnicas de procesamiento de lenguaje natural y aprendizaje automático para identificar tendencias, opiniones y preocupaciones de los ciudadanos en tiempo real, lo cual permite a los responsables de la ciudad tomar decisiones y responder con proactividad a las necesidades de la comunidad.

Algunos de estos algoritmos son:

- ◑ Análisis de sentimientos basado en diccionarios.
- ◑ Análisis de sentimientos con aprendizaje automático (usando clasificadores como Naive Bayes, SVM, etc.).
- ◑ Modelos de lenguaje (como Word2Vec, GloVe).
- ◑ Redes neuronales recurrentes (como LSTM, GRU) para el análisis de secuencias de texto.

➲ **Algoritmos de optimización de la distribución de recursos.** Se utilizan para asignar con eficiencia y eficacia los recursos municipales, como son la recolección de residuos, el mantenimiento de infraestructuras y la distribución de servicios públicos. Utilizan técnicas de optimización combinatoria y algoritmos de programación lineal para maximizar la cobertura de los servicios y minimizar los costes operativos.
Algunos de estos algoritmos son:

- ◑ Programación lineal entera (como el método Simplex).
- ◑ Algoritmos de programación lineal entera mixta (como el algoritmo de ramificación y poda).
- ◑ Algoritmos de agrupamiento (como *K-means)*.
- ◑ Algoritmos de ruteo y programación de vehículos (como el problema del viajante de comercio, VRP).

 ## SABÍAS QUE...

El concepto *internet de las cosas* o *IoT* corresponde a la interconexión de dispositivos y objetos cotidianos a través de internet, lo que permite la recolección y el intercambio de datos en tiempo real. La aplicación de algoritmos de inteligencia artificial en el IoT ha revolucionado diversos sectores, proporcionando soluciones avanzadas que mejoran la eficiencia y la toma de decisiones. Por ejemplo, en la gestión de tráfico urbano, los algoritmos de IA analizan datos en tiempo real de sensores y cámaras para optimizar la sincronización de semáforos y reducir la congestión. En el ámbito de la salud, dispositivos médicos conectados a IoT recopilan datos de pacientes que son analizados por IA para prever problemas de salud y mejorar la atención personalizada. Así, la integración de IA en IoT no solo permite una monitorización constante y precisa, sino que también facilita la creación de sistemas autónomos capaces de aprender y adaptarse a nuevas circunstancias, mejorando significativamente la calidad de vida y eficiencia operativa en las ciudades inteligentes y en el ámbito doméstico.

Continúa en página siguiente >>

<< Viene de página anterior

Las tecnologías IoT recopilan continuamente enormes cantidades de datos mediante diversos mecanismos, a través de sensores, cámaras y otros dispositivos conectados a internet. Según un informe de Sumo Logic (2019), los dispositivos IoT generaron más de 500 zettabytes de datos. Imagínate cuánto ha aumentado esta cifra en la actualidad.

ACTIVIDAD COMPLEMENTARIA

5. Has conocido algunos de los algoritmos más utilizados en el desarrollo de sistemas de gestión de ciudades inteligentes que, tras un proceso de adaptación, son capaces de abordar desafíos específicos dentro del contexto urbano.

   Teniendo en cuenta esto, investiga alguna curiosidad relevante sobre las *smart cities* y los algoritmos que haga que como ciudadano puedas disfrutar de una experiencia más gratificante.

---

3. Resumen

La combinación de inteligencia artificial, *big data* y tecnología 5G ofrece un enorme potencial para la innovación y la eficiencia en una amplia gama de aplicaciones. Al aprovechar estas tecnologías con conocimiento y eficacia, las empresas pueden obtener una ventaja competitiva significativa y contribuir al avance de la sociedad hacia un futuro más inteligente y conectado.

La inteligencia artificial en entornos de cobertura 5G permite procesar datos rápidamente gracias a la baja latencia y la alta velocidad de transmisión. Este avance facilita la implementación de sistemas inteligentes en tiempo real en aplicaciones como ciudades inteligentes y tecnologías IoT. Los principales tipos de algoritmos de IA incluyen aprendizaje supervisado, no supervisado y por refuerzo, cada uno adecuado para diferentes tareas de análisis de datos y toma de decisiones automatizadas:

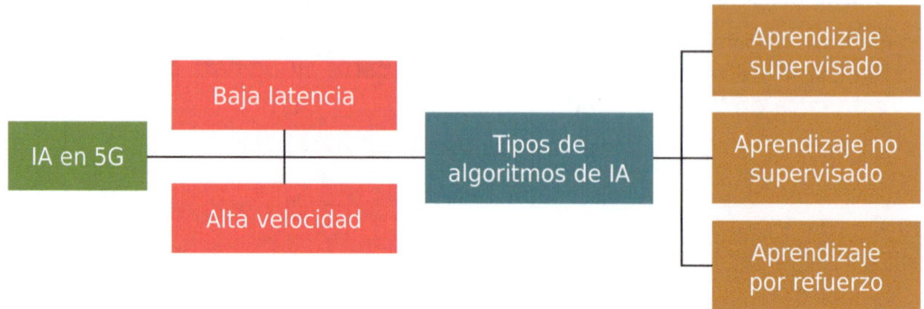

Los modelos de inteligencia artificial varían desde sistemas de reglas y redes neuronales hasta sistemas expertos. Las redes neuronales profundas, incluyendo las redes convolucionales y recurrentes, son particularmente eficaces en el reconocimiento de patrones complejos y predicciones.

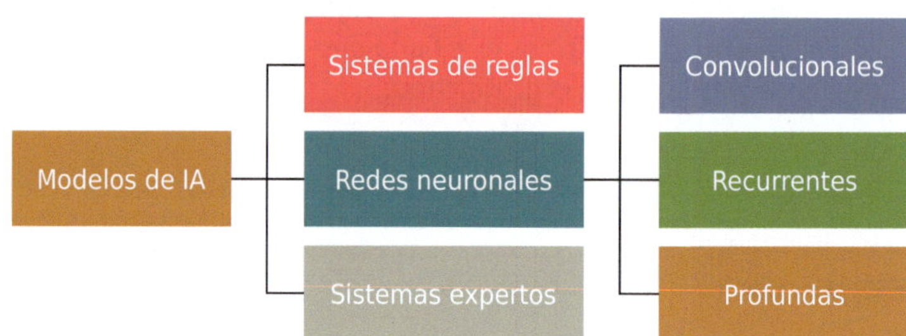

Comparando sistemas de aprendizaje automático y manual, los automáticos permiten una mayor escalabilidad y adaptación, mientras que los manuales requieren de intervención humana para ajustes específicos.

Ejercicios de autoevaluación
Unidad de Aprendizaje 1

1. Indica si las siguientes afirmaciones son verdaderas o falsas.

    a. En el mundo actual, la convergencia de tecnologías como la inteligencia artificial, el *big data* y el 5G está transformando radicalmente la forma en que interactuamos con la información y el entorno que nos rodea.

        ■ Verdadero
        ■ Falso

    b. *Machine learning* o aprendizaje automático es una rama de la inteligencia artificial que permite a las máquinas aprender y mejorar automáticamente a partir de datos y experiencias.

        ■ Verdadero
        ■ Falso

    c. Aunque la inteligencia artificial ha revolucionado muchos aspectos a nivel de las empresas, hasta ahora no está ejerciendo influencia en la vida de las personas.

        ■ Verdadero
        ■ Falso

2. ¿Cuáles son las dos tareas principales que buscan realizar los algoritmos de aprendizaje supervisado?

    a. Predicción de valores discretos y segmentación de datos.
    b. Regresión y *clustering*
    c. Regresión y clasificación.
    d. Clasificación y agrupamiento.

3. ¿Cuál de las siguientes métricas mide el promedio de los errores al cuadrado entre las predicciones del modelo y los valores reales?

    a. Gráfico de residuos
    b. R^2
    c. ECM
    d. EAM

4. **¿Cuál de los siguientes algoritmos de aprendizaje por refuerzo actualiza valores de recompensa para acciones en estados específicos, enseñando a los agentes a tomar decisiones óptimas en un entorno?**

    a. Árboles de decisión
    b. *Q-learning*
    c. Regresión lineal
    d. Máquinas de vectores de soporte (SVM)

5. **¿Qué problema indica la presencia de heterocedasticidad en un modelo de regresión lineal contextualizado a la predicción del precio de la vivienda?**

    a. Los errores de predicción varían en diferentes rangos de tamaños de viviendas, lo que afecta a la precisión de las predicciones.
    b. La relación entre el tamaño de la vivienda y el precio de la vivienda es lineal.
    c. El modelo de regresión lineal está sesgado hacia viviendas más grandes.
    d. La variabilidad de los errores es constante a lo largo de todos los niveles de la variable independiente.

6. **¿Cuál de las siguientes afirmaciones describe correctamente el funcionamiento de los árboles de decisión?**

    a. Es un algoritmo que utiliza una curva sigmoidea para clasificar datos binarios.
    b. Es un algoritmo de aprendizaje supervisado que encuentra el hiperplano óptimo para separar las clases de datos.
    c. Es un algoritmo de aprendizaje supervisado utilizado para la clasificación y la regresión, que divide el conjunto de datos en subconjuntos más pequeños basados en características específicas.
    d. Es un algoritmo no supervisado que agrupa datos en clústeres sin etiquetas conocidas.

7. **¿Cuál es el nodo superior del árbol de decisión desde donde comienza el proceso de toma de decisiones?**

    a. Raíz
    b. Subárbol

c. Nodo de decisión

d. Nodo hoja

8. ¿Cuál de las siguientes afirmaciones describe correctamente el funcionamiento de un bosque aleatorio o *random forest*?

a. Es un algoritmo de aprendizaje no supervisado que agrupa datos en clústeres sin etiquetas conocidas.

b. Es un algoritmo de aprendizaje supervisado que utiliza una única línea recta para realizar predicciones.

c. Es un algoritmo de aprendizaje supervisado que utiliza múltiples árboles de decisión para realizar predicciones, donde cada árbol vota por la clasificación más popular.

d. Es un algoritmo de aprendizaje supervisado que utiliza una curva sigmoidea para clasificar datos binarios.

9. ¿Cuál de los siguientes algoritmos NO es un ejemplo representativo de un algoritmo no supervisado?

a. *K-nearest neighbors (KNN)*

b. *Naive Bayes*

c. *K-means clustering*

d. *Gradient boosting machines* (GBM)

10. ¿Cuál es el propósito principal de la LOPDGDD dentro del contexto de la integración de la inteligencia artificial en plataformas de terceros, páginas web y redes sociales?

a. Proteger los derechos de autor en el uso de algoritmos de inteligencia artificial.

b. Establecer un marco legal para la implementación de sistemas de inteligencia artificial en entornos digitales.

c. Regular el acceso público a la inteligencia artificial en plataformas en línea.

d. Garantizar la protección de los datos personales y mantener la confianza del público al respecto.

Elaboración de un proyecto de inteligencia artificial y *big data* en entornos de cobertura 5G

Contenido

1. Introducción
2. Elaboración de un proyecto de inteligencia artificial y *big data* en entornos de cobertura 5G
3. Sistemas de aprendizaje automático y manuales
4. *Chatbots,* hologramas y robots
5. Redes neuronales y sistemas expertos
6. Gestión de bases de inteligencia
7. Integración en plataformas de terceros, páginas web y redes sociales
8. Resumen

Objetivos

El objetivo general de esta Unidad de Aprendizaje es:

→ Realizar proyectos de inteligencia artificial y *big data* sobre tecnologías aplicables en entornos de cobertura 5G.

Los objetivos específicos de esta Unidad de Aprendizaje son:

→ Seleccionar técnicas de minería de datos para obtener *insights* que permitan a las empresas guiar decisiones estratégicas.

→ Distinguir los tipos de gráficas interactivas que ofrecen los modelos de aprendizaje automático, conociendo el funcionamiento de los componentes de *Orange* como plataformas de *machine learning.*

→ Crear flujos de trabajo en *Orange,* interactuando con los elementos que forman parte de la caja de herramientas de esta plataforma.

→ Preparar un modelo de *machine learning* para ser entrenado, creando un flujo de trabajo en la plataforma de *Orange* con árboles de clasificación.

→ Tomar conciencia sobre la importancia del manejo y aplicación responsable de programas y algoritmos de inteligencia artificial.

→ Aplicar los algoritmos de inteligencia artificial desarrollados a casos de IoT y ciudades inteligentes.

→ Gestionar la resolución de incidencias, conflictos y problemas durante la integración de la IA en plataformas de terceros, páginas web y RR. SS.

→ Tomar decisiones responsables durante la integración en plataformas de terceros, páginas web y redes sociales.

1. Introducción

La era digital está marcada por un volumen de datos sin precedentes. Esto impulsa la necesidad de utilizar tecnologías avanzadas para procesar y analizar los datos con eficiencia y eficacia. En esta unidad exploraremos cómo la inteligencia artificial y el *big data* se integran en entornos de cobertura 5G, permitiendo la creación de proyectos innovadores que transforman la forma en la que los usuarios interactúan con la información. La alta velocidad y baja latencia del 5G proporcionan un escenario óptimo para el despliegue de soluciones inteligentes capaces de procesar y analizar grandes cantidades de datos en tiempo real.

Para construir un proyecto de *big data* es esencial seguir con precisión una serie de pasos, desde la definición del objetivo hasta la iteración del modelo de aprendizaje automático. Comenzaremos por definir claramente los objetivos del proyecto, obtener y limpiar los datos necesarios, y enriquecerlos para descubrir *insights* valiosos. Posteriormente, desplegaremos técnicas de *machine learning* y realizaremos iteraciones para perfeccionar el modelo. Cada etapa es fundamental, requiriendo la colaboración de diversos profesionales del *big data*.

Además de los aspectos técnicos, abordaremos herramientas y tecnologías específicas que facilitan la implementación de estos proyectos. Exploraremos la arquitectura de *big data* y el uso de *Hadoop* en sistemas de aprendizaje automático, así como la construcción de proyectos de *machine legaran* utilizando herramientas como *Orange*. También veremos cómo *chatbots*, hologramas y robots vienen integrados en estos sistemas para ofrecer soluciones más interactivas y eficientes. La gestión de bases de inteligencia, la visualización interactiva de datos y la integración en plataformas de terceros serán temas clave para garantizar una aplicación exitosa en el contexto actual de ciudades inteligentes y entornos IoT.

Para facilitar la adquisición de conocimientos sobre la temática tratada, nos fijaremos en el equipo de trabajo liderado por Marta y cómo pone el énfasis en la gestión inteligente de datos, y en su entrenamiento con modelos de IA.

2. Elaboración de un proyecto de inteligencia artificial y *big data* en entornos de cobertura 5G

👉 HILO CONDUCTOR

Con la idea de integrar IA y *big data* en su proyecto, el equipo comenzó a elaborar un plan. Utilizarían las capacidades de almacenamiento y procesamiento de datos masivos del 5G para recoger información detallada sobre el uso de su aplicación. Con estos datos, aplicarían técnicas *de big data* para identificar patrones y comportamientos, mejorando continuamente la experiencia del usuario y la funcionalidad de su programa informático.

En la era de la digitalización y la conectividad ultrarrápida que ofrece la tecnología 5G, la implementación de proyectos de inteligencia artificial y *big data* adquiere una relevancia sin precedentes. Estos proyectos no solo aprovechan la velocidad y la capacidad de procesamiento mejorada proporcionada por el 5G, sino que también abren nuevas posibilidades para la innovación y la eficiencia en una amplia gama de aplicaciones.

El siglo XXI ha sido testigo de una explosión sin precedentes en la cantidad de datos generados por individuos, empresas y dispositivos. Este fenómeno ha dado lugar al paradigma del big data, que hace referencia a la gestión y análisis de conjuntos de datos extremadamente grandes y complejos que no pueden ser manejados por las herramientas de procesamiento de datos tradicionales.

NOTA

La capacidad de extraer información valiosa de estos datos ha transformado industrias enteras, desde la atención médica hasta el *marketing,* y ha dado origen a nuevas oportunidades y desafíos en la toma de decisiones basada en datos.

Los datos son el *nuevo petróleo.* Esta frase fue pronunciada por Clive Humby en 2006. Esta metáfora destaca el inmenso valor de los datos en la economía digital contemporánea, comparando su potencial con el del petróleo en la era industrial. Así como el petróleo necesita ser refinado para extraer su valor, los datos requieren procesamiento y análisis para convertirse en información útil y aplicable.

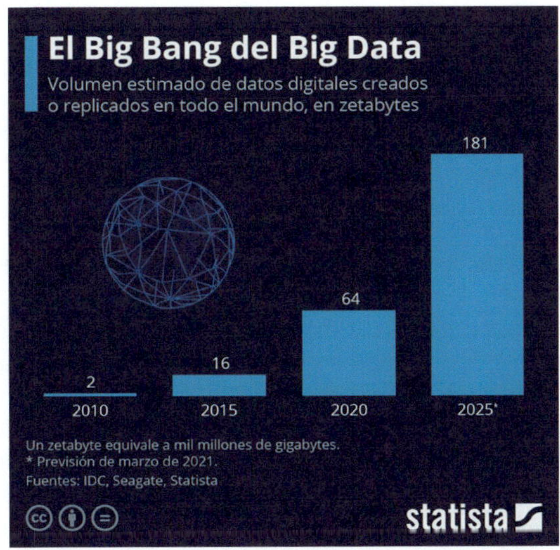

Infografía que destaca el reto del incremento del volumen de datos a nivel mundial. Fuente: Statista

PARA SABER MÁS

El artículo de Rosa Fernández publicado por *Statista* el 4 de enero de 2024 aborda el impacto del crecimiento exponencial en el flujo de datos a nivel mundial debido

Continúa en página siguiente >>

<< Viene de página anterior

al desarrollo de las tecnologías de la información y la comunicación (TIC) y los dispositivos inteligentes. Este aumento ha superado la capacidad del *software* convencional para capturar y procesar datos de manera eficiente, con conceptos como gigabytes siendo superados por petabytes en el ámbito de las tecnologías de la información.

https://redirectoronline.com/ifcd990409

El *big data* ha revolucionado la recolección de información, la infraestructura de almacenamiento, los repositorios analíticos, los métodos de análisis y los objetivos empresariales. Este cambio ha sido fundamental para la evolución de las estrategias de negocio y la toma de decisiones basadas en datos.

Para poder tener una dimensión del impacto de *big data* basta entender la magnitud de 175 zettabytes. Estos representan una cantidad de datos enorme. Compararla con 1 MB nos ayudará a comprender mejor su dimensión. Esta cantidad de datos es tan vasta que supera cualquier escala humana de almacenamiento y procesamiento, destacando la increíble capacidad y la demanda de las tecnologías de almacenamiento y procesamiento de datos actuales. Así, podemos distinguir los siguientes pasos:

⮑ **Paso 1.** Primero, recordamos las conversiones entre las diferentes unidades de almacenamiento:

  ↻ 1 byte = 8 bits
  ↻ 1 kilobyte (KB) = 1.024 bytes
  ↻ 1 megabyte (MB) = 1.024 kilobytes
  ↻ 1 gigabyte (GB) = 1.024 megabytes
  ↻ 1 terabyte (TB) = 1.024 gigabytes
  ↻ 1 petabyte (PB) = 1.024 terabytes
  ↻ 1 exabyte (EB) = 1.024 petabytes
  ↻ 1 zettabyte (ZB) = 1.024 exabytes

‣ **Paso 2.** Ahora, compararemos 1 zettabyte con 1 megabyte:

- 1 ZB = 1,024 EB
- 1 EB = 1,024 PB
- 1 PB = 1,024 TB
- 1 TB = 1,024 GB
- 1 GB = 1,024 MB

Por lo tanto:

$$1\ ZB = 1{,}024 \times 1{,}024 \times 1{,}024 \times 1{,}024 \times 1{,}024\ MB$$
$$\approx 1,180,591,620,717,411,303,424\ MB$$
$$\approx 1{,}18 \times 10^{21}\ MB$$

‣ **Paso 3.** Ahora, multipliquemos esa cifra por 175 para obtener cuántos megabytes hay en 175 zettabytes:

$$175\ ZB = 175 \times 1{,}18 \times 10^{21}\ MB$$

$$\approx 2{,}06 \times 10^{23}\ MB$$

‣ **Paso 4.** Para poner esta cifra en perspectiva, imagina que un documento de Word promedio tiene aproximadamente 1 MB. Ahora, compara esa sola unidad de 1 MB con $2{,}06 \times 10^{23}$ MB.

EJEMPLO

Para visualizar lo que representa la capacidad de almacenamiento y procesamiento de *big data* reflexiona sobre las siguientes informaciones, te servirán de ejemplo para comprender la dimensión.

- Si apilamos todos los documentos de *Word* de 1 MB uno sobre otro (del paso 4), la pila sería increíblemente alta, mucho más allá de cualquier medida terrenal.
- Por ejemplo, una pila de 175 zettabytes de documentos de *Word* superaría la distancia entre la Tierra y el Sol innumerables veces.
- Si una persona pudiera leer un documento de *Word* de 1 MB en un minuto, le tomaría más tiempo que la edad del universo leer todos los documentos de Word contenidos en 175 zettabytes.

2.1. Pasos para construir un proyecto de *big data*

Los ***insights*** obtenidos a través de *big data* son esenciales para que las empresas puedan competir y prosperar en el entorno actual. Al seguir un proceso estructurado de recopilación, almacenamiento, procesamiento, análisis e interpretación de datos, las empresas transforman grandes volúmenes de datos en **inteligencia accionable.** Esta capacidad de convertir datos en *insights* valiosos es lo que verdaderamente impulsa el éxito de *big data* en cualquier sector.

En el contexto de big data, los insights son valiosos descubrimientos obtenidos a partir de un análisis profundo de grandes volúmenes de datos. Estos insights son capaces de revelar patrones, tendencias, comportamientos o relaciones que no son evidentes a simple vista.

SABÍAS QUE...

La inteligencia accionable es un concepto que hace referencia a la información obtenida a través del análisis de datos, que es específica, relevante y oportuna, permitiendo a las organizaciones tomar decisiones informadas y ejecutar acciones concretas. Esta inteligencia no solo describe qué está sucediendo, sino que también proporciona recomendaciones claras sobre qué acciones deben emprenderse para mejorar resultados o resolver problemas.

La inteligencia accionable es clave en el paradigma empresarial actual, porque transforma el análisis de datos en valor real para cualquier tipo de organización. Esta inteligencia permite a las empresas:

Continúa en página siguiente >>

<< Viene de página anterior

- Tomar decisiones basadas en información de valor, es decir, en evidencia y no en suposiciones.
- Optimizar procesos haciendo ajustes precisos que mejoran la eficiencia y efectividad.
- Responder rápidamente a cambios con una adaptación ágil a nuevas oportunidades o amenazas en el entorno.
- Mejorar la satisfacción de la clientela a través de acciones más alineadas con las necesidades y preferencias de los clientes.

Los *insights* son la inteligencia que se extrae de los datos. Permiten a las empresas tomar decisiones correctamente informadas y verdaderamente estratégicas.

Una vez que contemplamos *big data* como una herramienta poderosa para cualquier negocio u organización, veamos paso a paso cómo construir un **proyecto de *big data*:**

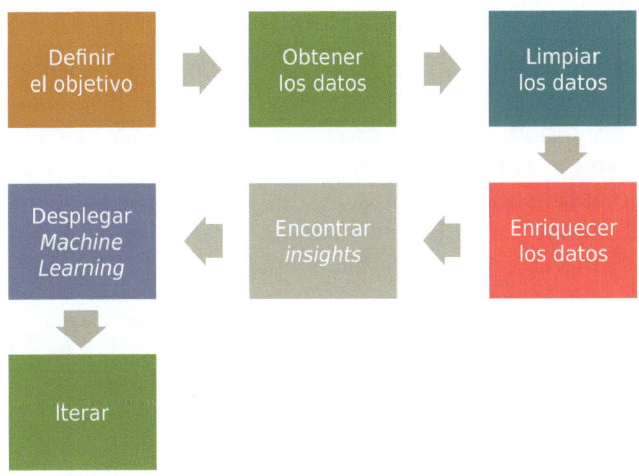

IMPORTANTE

Hoy en día, es fundamental que una empresa construya un proyecto de *big data* para mejorar la toma de decisiones, personalizar la experiencia del cliente,

Continúa en página siguiente >>

<< Viene de página anterior

optimizar procesos operativos y obtener una ventaja competitiva. Mediante el análisis de grandes volúmenes de datos en tiempo real, las compañías pueden predecir tendencias, identificar ineficiencias, innovar en productos y servicios, y gestionar riesgos con efectividad. En definitiva, un proyecto de *big data* impulsa la rentabilidad y el éxito empresarial transformando los datos brutos en conocimiento.

Definir el objetivo

El primer paso para construir un proyecto de *big data* es entender a fondo cómo funciona tu negocio o actividad. Es lo que llamamos **definir el objetivo.**

Para lograrlo, necesitas informarte bien sobre todas las operaciones y procesos internos. Una buena fórmula de hacerlo es hablando con los profesionales que gestionan y realizan estas actividades a diario. Después de obtener esta comprensión y entender las claves, es crítico sentarse a planificar detalladamente:

- **Establecer un plan de hitos.** Este paso implica dividir el proyecto en etapas más pequeñas y manejables, llamadas hitos. Cada hito marca un punto importante en el progreso del proyecto. Estos hitos ayudarán a mantener el proyecto organizado, a realizar un seguimiento del avance y a garantizar que se están alcanzando los objetivos en el tiempo previsto. Por ejemplo, si estás construyendo un sistema de análisis de datos para una empresa, algunos hitos serían:

  - La recopilación de datos
  - El diseño del modelo de datos
  - La implementación del análisis
  - La presentación de resultados

- **Identificar los indicadores clave de rendimiento (KPI).** Los KPI son métricas específicas que ayudan a medir el rendimiento y el éxito de un proyecto. Estos indicadores son seleccionados porque están directamente relacionados con los objetivos y metas del proyecto. Por ejemplo, si el objetivo de tu proyecto es aumentar las ventas, algunos KPI podrían ser:

  - El número de clientes nuevos
  - El valor promedio de las ventas
  - La tasa de conversión

Identificar los KPI adecuados permite monitorear el progreso, además de tomar decisiones basadas en datos para optimizar el rendimiento.

- **Definir los resultados esperados (KER).** Los resultados esperados o KER *(key expected results)* son las metas específicas que se espera lograr al finalizar el proyecto. Estos resultados deben ser claros, medibles y alineados con los objetivos del negocio. Por ejemplo, si estás desarrollando un sistema de recomendación para un sitio web de comercio electrónico, un resultado esperado podría ser:

  - *Aumentar las ventas en un 20 % en los próximos seis meses.*

  Definir estos resultados es de gran ayuda para mantener el enfoque del proyecto y para evaluar su éxito una vez que se haya completado.

IMPORTANTE

Definir el objetivo de un proyecto de *big data* consiste en conocer el negocio, escuchar a las personas expertas para luego y ser capaz de crear un plan estratégico claro que sirva para guiarlo.

Obtener los datos

El segundo paso para construir un proyecto de *big data* es recopilar los datos que necesitas para alcanzar tus objetivos. Ya sabes lo que quieres lograr, ahora es el momento de encontrar la información que te ayudará a conseguirlo.

Puedes hacerlo de varias maneras: utilizando bases de datos existentes dentro de tu empresa, aprovechando los recursos disponibles a través de API comerciales que permiten acceder a datos externos o utilizando datos abiertos *(open data),* que se pueden obtener mediante extractores web:

1. **Utilizar bases de datos existentes dentro de la empresa.** Muchas empresas ya tienen una gran cantidad de datos almacenados en sus sistemas internos. Estos datos provienen de diferentes fuentes, como son los sistemas de gestión de clientes (CRM), sistemas de gestión de recursos empresariales (ERP), registros de ventas, registros de transacciones y otros sistemas más. Utilizar estas bases de datos existentes permite acceder a información específica clave del negocio sin necesidad de buscar

en fuentes externas. Asimismo, estos datos suelen estar estructurados y organizados de acuerdo con las necesidades de la empresa, lo cual facilita su análisis y procesamiento.

2. **Aprovechar los recursos disponibles a través de API comerciales que permiten acceder a datos externos.** Las API *(application programming interface,* interfaces de programación de aplicaciones) comerciales son una excelente fuente de datos externos para complementar la información interna de la empresa. Muchas empresas y organizaciones ofrecen API que permiten acceder a sus datos de manera programática. Esto facilita la integración de esta información en los proyectos de *big data.* Por ejemplo, es posible acceder a datos de redes sociales, datos meteorológicos, datos de mercado financiero, datos de transporte, etc. Todos estos datos externos proporcionan información complementaria de valor, además de contextos importantes para los análisis y las decisiones empresariales.

3. **Utilizar datos abiertos *(open data)* que se pueden obtener mediante extractores web.** Los datos abiertos, también conocidos como *open data,* son conjuntos de datos que están disponibles públicamente, por tanto pueden ser utilizados y redistribuidos libremente por cualquier persona o usuario. Estos datos suelen provenir de organismos públicos, organizaciones sin ánimo de lucro, instituciones académicas, etc. Para acceder a los datos abiertos, se suelen utilizar **extractores web** o herramientas de ***web scraping.*** Estas herramientas sirven para recopilar la información de forma automatizada desde sitios web públicos. Los datos abiertos son considerados una fuente valiosa de información con una amplia variedad de aplicaciones, desde análisis de mercado hasta investigaciones científicas.

 **IMPORTANTE**

Obtener datos para un proyecto de *big data* consiste en identificar las fuentes de datos disponibles y seleccionar aquellas que proporcionarán la información necesaria para el proyecto.

Limpiar los datos

El tercer paso para construir un proyecto de *big data* es limpiar y adaptar los datos que has recopilado. Aunque ya tienes toda la información que necesitas, puede estar desordenada y en diferentes formatos. Es esencial organizar y estandarizar estos datos, asegurándote de que, por ejemplo, todas las filas de una misma columna sigan un formato uniforme (como usar el mismo número de decimales para una categoría específica). Además, debes tener mucho cuidado de cumplir con las leyes de protección de datos y privacidad vigentes. Recuerda que, aunque esta tarea puede consumir hasta el 80 % del tiempo del proyecto, es clave para garantizar la calidad y fiabilidad de tus análisis posteriores. Este paso se caracteriza por las acciones que se describen a continuación.

Estandarización de datos

Uno de los primeros pasos en la limpieza de datos es asegurarse de que todos los datos estén en un formato coherente y uniforme. Esto implica convertir diferentes representaciones de la misma información en un formato consistente. Por ejemplo, si estás trabajando con datos de fechas, asegúrate de que todas las fechas estén en el mismo formato (por ejemplo, DD/MM/AAAA o AAAA-MM-DD) para facilitar su análisis.

EJEMPLO

Estás trabajando en un proyecto de análisis de ventas para una empresa que vende productos en diferentes países. Tienes una tabla de datos que incluye información sobre las ventas realizadas durante el último año, pero descubres que las fechas de las transacciones están en diferentes formatos, como DD/MM/AAAA y MM/DD/AAAA, lo cual te dificulta el análisis.

Para estandarizar los datos de fecha, decides convertir todos los formatos a AAAA-MM-DD, que es el formato estándar que prefieres para tu análisis. Utilizas técnicas de limpieza de datos para realizar esta transformación de manera consistente en todo el conjunto de datos. Por ejemplo:

- **Original: 15/03/2025 Estandarizado: 2025-03-15**
- **Original: 03/25/2025 Estandarizado: 2025-03-25**
- **Original: 2025-04-10 Estandarizado: 2025-04-10**

Al estandarizar los datos de fecha en un formato uniforme, se facilita el análisis y las comparativas de las ventas a lo largo del tiempo, permitiendo identificar tendencias y patrones con mayor precisión. Al mismo tiempo, al utilizar un formato estándar se reduce la posibilidad de errores en el análisis debido a la

Continúa en página siguiente >>

<< Viene de página anterior

inconsistencia en los datos. Esto ayuda a garantizar la calidad y la fiabilidad de los resultados obtenidos en un proyecto de análisis de ventas.

Limpieza de valores atípicos (outliers)

Los valores atípicos son puntos de datos que se desvían significativamente de la mayoría de los otros puntos de datos en un conjunto. Estos valores suelen distorsionar el análisis y las conclusiones obtenidas a partir de los datos. Por lo tanto, es importante identificar y tratar estos valores atípicos de manera adecuada, ya sea eliminándolos o corrigiéndolos si es posible.

 **EJEMPLO**

Estás trabajando en un proyecto de análisis de precios de viviendas en una ciudad determinada. Tienes un conjunto de datos, que incluyen el precio de venta de diferentes propiedades residenciales durante el último año.

Al explorar tus datos, notas que hay un punto de datos que se desvía significativamente del resto: una propiedad que se vendió por un precio extremadamente alto en comparación con las demás. Este valor atípico podría distorsionar tus análisis y también tus conclusiones, ya que ejerce influencia de manera desproporcionada en medidas como el precio promedio o la tendencia general de los precios.

Para tratar este valor atípico, decides investigar más a fondo. Descubres que esta propiedad en particular es una mansión de lujo con características únicas y con ubicación privilegiada. Esto justifica su precio excepcionalmente alto en comparación con otras propiedades.

Después de confirmar que el valor atípico es válido y no es el resultado de un error de entrada de datos, decides mantenerlo en tu conjunto de datos. Sin embargo, decides tener en cuenta este valor atípico al realizar análisis y presentaciones, considerando su impacto en las medidas estadísticas y asegurándote de contextualizarlo adecuadamente en tus informes.

Gestión de datos faltantes

Los datos incompletos o faltantes son cuestiones comunes en muchos conjuntos de datos y pueden afectar a la calidad y la precisión del análisis. Es fundamental decidir cómo manejar estos datos faltantes de forma idónea. Esto implica, por ejemplo, la eliminación de registros con datos faltantes, la imputación de valores utilizando técnicas estadísticas o el desarrollo de modelos para predecir los valores faltantes.

 **EJEMPLO**

Estás trabajando en un proyecto de análisis de satisfacción del cliente para una empresa de comercio electrónico. Tienes un conjunto de datos, entre los que se incluyen las respuestas de encuestas de la clientela, pero notas que algunos clientes no han completado todas las preguntas en la encuesta, dejando ciertos campos vacíos, por lo que decides hacer una gestión de datos faltantes.

Para manejar estos datos faltantes de manera adecuada, consideras varias opciones:

- Eliminación de registros con datos faltantes. Una opción es eliminar por completo los registros que contienen datos faltantes. Sin embargo, esta opción puede no ser ideal si la cantidad de registros con datos faltantes es significativa, ya que podrías perder información valiosa de otros campos completos en esos registros.
- Imputación de valores utilizando técnicas estadísticas. Otra opción es imputar o rellenar los valores faltantes utilizando técnicas estadísticas. Por ejemplo, podrías calcular el promedio o la mediana de los valores existentes en una columna y usar ese valor para llenar los campos faltantes. Esta técnica es útil para preservar la integridad del conjunto de datos y evita la pérdida de información.
- Desarrollo de modelos para predecir los valores faltantes. Una opción más avanzada es desarrollar modelos predictivos para estimar los valores faltantes en función de otros atributos del conjunto de datos. Por ejemplo, podrías usar un **modelo de regresión** para predecir la calificación de satisfacción de un cliente en función de su historial de compras, interacciones anteriores con la empresa, etc. Este enfoque es más preciso y sofisticado, pero también requiere de más recursos y conocimientos técnicos.

Validación de datos

Es importante verificar la precisión y la coherencia de los datos para garantizar que sean confiables y precisos. Esto se traduce en realizar una comparación de los datos con fuentes externas o bien la realización de controles de integridad para identificar posibles errores o inconsistencias en los datos.

 **EJEMPLO**

Estás trabajando en un proyecto de análisis de inventario para una cadena de tiendas minoristas. Tienes un conjunto de datos, que incluye información sobre los niveles de inventario de diferentes productos en varias ubicaciones de tiendas. Para validar la precisión y coherencia de tus datos, decides compararlos con una fuente externa confiable, como el sistema de gestión de inventario de la empresa. Este sistema es considerado como la fuente principal y más confiable de información sobre el inventario de la empresa.

Comienzas comparando los datos de tu conjunto con los registros del sistema de gestión de inventario. Durante esta comparativa, identificas discrepancias significativas entre los niveles de inventario registrados en tu conjunto de datos y los niveles de inventario registrados en el sistema. Después de investigar más a fondo, descubres que las discrepancias son el resultado de errores humanos en la entrada de datos, como son errores propios de transcripción o de registros duplicados. También, identificas casos de productos que faltan en tu conjunto de datos pero que están presentes en el sistema de gestión de inventario, y viceversa.

Para abordar todos estos problemas, decides implementar medidas correctivas, como son: corregir los errores de entrada de datos, eliminar registros duplicados y actualizar tu conjunto de datos para incluir los productos faltantes. También estableces procedimientos para mejorar la precisión de la entrada de datos en el futuro.

Al validar los datos con una fuente externa confiable y abordar las discrepancias identificadas, es posible tener más confianza en la precisión y la fiabilidad de tus datos. Esto te permite realizar análisis más precisos y tomar decisiones basadas en datos de valor sobre la gestión de inventario en las tiendas minoristas.

Cumplimiento de regulaciones de protección de datos y privacidad

Es fundamental garantizar que la limpieza de datos se realice de acuerdo con las leyes y regulaciones vigentes de protección de datos. Esto significa guardar y proteger el anonimato de los datos personales, la protección de la privacidad de los individuos y el cumplimiento de normativas como el RGPD (Reglamento General de Protección de Datos) de la Unión Europea o Ley Española de Protección de Datos y Garantía de Derechos Digitales (LOPDGDD). Estas normativas han de ser el referente.

 **EJEMPLO**

Estás trabajando en un proyecto de análisis de datos para una empresa que opera en la Unión Europea y recopila información personal de sus clientes: nombres, direcciones de correo electrónico y números de teléfono. Como parte de tu trabajo, estás limpiando y preparando estos datos para su análisis posterior.

Para cumplir con las regulaciones de protección de datos, como el RGPD y la LOPDGDD, has de garantizar que la limpieza de datos se realice de forma ética y legal. Esto significa tomar medidas para proteger la privacidad y la seguridad de los datos personales de los individuos.

Por ejemplo, al limpiar los datos debes tener cuidado de no divulgar información personal sensible y proteger la identidad de los individuos. Esto implica eliminar o encriptar ciertos campos de datos que podrían identificar directamente a una persona, como son los números de identificación personal o las direcciones completas. Igualmente, debes asegurarte de que los datos se almacenen de forma segura y se protejan contra accesos no autorizados o filtraciones de datos. Por ejemplo, haciendo uso de medidas de seguridad como la encriptación de datos, el acceso restringido a la información y la implementación de políticas de privacidad y seguridad de datos sólidas.

Enriquecer los datos

El paso cuarto para construir un proyecto de *big data* consiste en enriquecer los datos, lo que implica que tienes que hacer que tus datos sean aún más valiosos y útiles. Imagina que tienes un montón de piezas de rompecabezas, pero algunas están incompletas o desordenadas. En este paso, estás trabajando para completar esas piezas y organizarlas de manera que todo encaje perfectamente.

¿Cómo haces esto? Puedes conseguirlo combinando diferentes conjuntos de datos, como si estuvieras mezclando colores para crear un nuevo color más vibrante. También puedes combinar diferentes partes de tus datos, como fechas, para crear intervalos de tiempo que te ayuden a entender mejor cómo cambian las cosas a lo largo del tiempo.

¿Para qué un algoritmo de *machine learning* necesita datos enriquecidos? El objetivo es preparar los datos para que un algoritmo de *machine learning* pueda entenderlos más fácilmente y hacer predicciones mucho más precisas. Piensa en ello como preparar una receta para que sea más fácil de seguir y entender. Cuando los datos están enriquecidos, el análisis que hagas más adelante será mucho más efectivo y preciso.

 **EJEMPLO**

Estás trabajando en un proyecto de *big data* para una empresa de comercio electrónico. Tu objetivo es mejorar la recomendación de productos para los clientes basándote en sus comportamientos de compra anteriores. Para lograr esto, sigues el cuarto paso del proyecto: enriquecer los datos. Veamos cómo puedes hacerlo.

Combinar diferentes conjuntos de datos

- Datos de compras: tienes un conjunto de datos que muestra cada compra realizada por los clientes, incluyendo el ID del cliente, el ID del producto, la fecha de compra y el precio.
- Datos de navegación web: tienes otro conjunto de datos que muestra el comportamiento de navegación de los clientes en el sitio web, como las páginas visitadas, el tiempo pasado en cada página y los productos vistos.
- Datos demográficos: también tienes un conjunto de datos que incluye información demográfica sobre los clientes, como la edad, el género y la ubicación.

Para enriquecer tus datos, combinas estos conjuntos en un único *dataset* que proporciona una vista más completa de cada cliente. Por ejemplo, puedes vincular las compras y los datos de navegación con los datos demográficos para obtener información sobre cómo los diferentes grupos de clientes navegan y compran.

Continúa en página siguiente >>

<< Viene de página anterior

Crear nuevas características a partir de los datos existentes

- Intervalos de tiempo: puedes usar las fechas de compra para calcular intervalos de tiempo entre compras sucesivas para cada cliente. Esto te ayuda a entender la frecuencia de las compras y a identificar patrones de comportamiento.
- Categorías de productos: puedes añadir columnas que clasifiquen los productos en diferentes categorías, como "electrónica", "ropa", "hogar", etc. Esto permite analizar tendencias de compra en diferentes categorías.
- Valor de vida del cliente: puedes calcular el valor de vida de cada cliente sumando el total de sus compras. Esta métrica (CLV) es útil para identificar a los clientes más valiosos.

Combinar columnas para crear nuevas métricas

- *Engagement score:* combina datos de navegación y de compra para crear una métrica que mida el nivel de compromiso de cada cliente. Por ejemplo, podrías crear una fórmula que tenga en cuenta el número de visitas al sitio web, el tiempo pasado en el sitio y la frecuencia de compra.
- Índice de satisfacción: si tienes datos de encuestas de satisfacción del cliente, puedes combinarlos con datos de compra para ver cómo la satisfacción del cliente impacta en sus hábitos de compra.

Al enriquecer tus datos de esta manera, preparas una base de datos mucho más completa y robusta, que un algoritmo de *machine learning* utilizará para hacer predicciones con un nivel alto de precisión. Por ejemplo, el algoritmo usaría los datos enriquecidos para recomendar productos que un cliente probablemente comprará basándose en sus compras anteriores, su comportamiento de navegación y su localización.

Encontrar *insights*

El quinto paso es encontrar *insights.* Es como darle un sorbo a una bebida hecha con tus datos. Después de haberlos arreglado y enriquecido, ahora es momento de disfrutarlos y obtener algo valioso de ellos. Esto se hace a través de la visualización.

EJEMPLO

Imagina que tienes un delicioso plato de comida frente a ti y que, antes de empezar a comer, decides decorarlo con hierbas frescas y salsas coloridas para resaltar su sabor y belleza. De manera similar, con la visualización de datos estás adornando tus datos de una forma que te permita ver patrones, tendencias y relaciones que no serían tan evidentes si solo miraras los datos numéricos.

Para encontrar *insights* puedes utilizar herramientas como son:

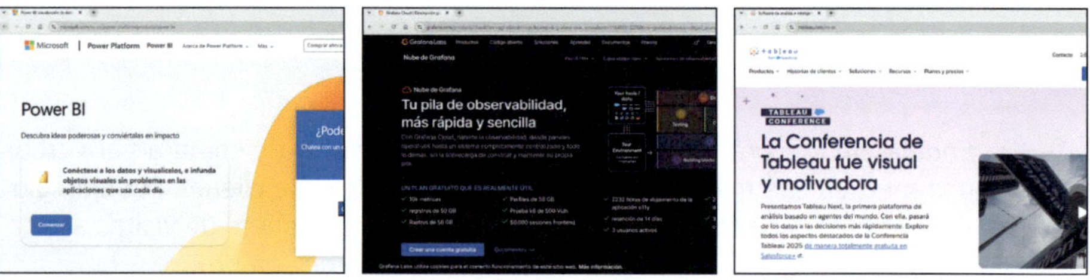

| Power BI | Grafana | Tableau |

PARA SABER MÁS

Escaneando los siguientes QR podrás acceder a **Power BI, Grafana y Tableau,** que son recursos tecnológicos capaces de crear gráficos y tablas que representen tus datos de forma atractiva. Estos gráficos te ayudarán a obtener *insights*, que son como pequeñas joyas escondidas dentro de tus datos, ayudándote a tomar mejores decisiones, respaldando tus argumentos, o incluso, alimentando algoritmos de aprendizaje automático para que funcionen aún mejor. Así que, al igual que cuando pruebas un plato y encuentras nuevos sabores y combinaciones, al visualizar tus datos encontrarás nuevas perspectivas y conocimientos que te ayudarán a aprovechar al máximo la información que has recopilado y preparado con tanto cuidado.

Continúa en página siguiente >>

<< Viene de página anterior

Power BI

https://redirectoronline.com/ifcd990409

Grafana

https://redirectoronline.com/ifcd990410

Tableau

https://redirectoronline.com/ifcd990411

Desplegar *machine learning*

El sexto paso consiste en desplegar *machine learning*. Es como usar una varita mágica para hacer predicciones sobre lo que podría suceder en el futuro basándote en lo que has aprendido del pasado. Una bola de cristal que te ayudará a ver tendencias ocultas que no pudiste encontrar en los pasos anteriores.

 ## EJEMPLO

Imagina que estás organizando una fiesta y quieres agrupar a tus invitados en mesas de manera que tal disposición permita que los asistentes disfruten más. Usando algoritmos de aprendizaje automático, puedes agrupar a las personas que tienen más cosas en común, como son intereses o simplemente rangos de edad, de manera que estén ubicados en mesas donde probablemente se lleven bien y puedan compartir experiencias que diviertan. Esto se llama *clustering*, ya lo vimos. Es solo una de las muchas cosas que no puedes hacer con *machine learning*.

También puedes usar aprendizaje supervisado en el despliegue del *machine learning,* que es como enseñarle a un ordenador a hacer predicciones basadas en ejemplos pasados. Por ejemplo, si tienes datos sobre ventas de productos y quieres predecir cuánto venderás el próximo mes, podrás entrenar un algoritmo con datos históricos para que aprenda patrones y luego lo uses para hacer predicciones futuras. Pero además no solo se trata de hacer estas predicciones una vez, también necesitas desplegar tus modelos de *machine learning* en una arquitectura operativa, para que puedan ser utilizados una y otra vez de forma recurrente.

Desplegar una infraestructura de machine learning es como tener una máquina que constantemente ayuda a tomar decisiones inteligentes basadas en los datos recopilados y analizados. De modo que este despliegue se traduce en un asistente con inteligencia que ayuda a tomar mejores decisiones y a anticipar lo que pueda suceder en el futuro.

Iterar

El último paso, iterar, es como dar vueltas en un carrusel emocionante y nunca terminar el viaje. Llegar al sexto paso no significa que hayas llegado al final del camino. En realidad, es más bien como cerrar un círculo y volver al principio, pero con una visión más clara y una comprensión mucho más profunda.

 **EJEMPLO**

Imagina que estás construyendo un castillo de arena en la playa. Una vez que lo has terminado, no te sientas y te relajas pensando que has terminado tu obra maestra. Sabes que las olas vendrán y se llevarán parte del castillo, el viento lo cambiará, y tal vez quieras agregarle una torre más alta o un foso más profundo. Lo mismo sucede con los proyectos de *big data*.

Es muy importante entender que estos proyectos nunca estarán completamente terminados. Siempre habrá nuevas fuentes de datos para explorar, nuevos algoritmos de *machine learning* para probar y nuevas preguntas que hacer. **La clave del éxito es aceptar este ciclo de iteración** y tener disposición para volver al principio una y otra vez, refinando y mejorando continuamente el enfoque y los resultados.

Así que no queda otra que, en lugar de ver esta fase como un final, piensa en el sexto paso como un punto de partida para una nueva vuelta en la montaña rusa de descubrimiento y aprendizaje.

Cada iteración te acercará un poco más a tus objetivos y te ayudará a construir sobre lo que ya has aprendido. Es un proceso emocionante y continuo que permitirá adaptarte y evolucionar a lo largo del tiempo en un **entorno VUCA.**

El entorno VUCA (volátil, incierto, complejo y ambiguo) describe las condiciones cambiantes y desafiantes en las que operan las empresas modernas. Se caracteriza por fluctuaciones rápidas, falta de previsibilidad, interrelaciones complicadas y ambigüedades en la toma de decisiones.

En el contexto del desarrollo de un proyecto de *big data,* trabajar en un entorno VUCA significa que los datos, las tecnologías y las necesidades empresariales pueden cambiar rápidamente, requiriendo adaptabilidad y respuestas ágiles. Por ello, el proceso de iterar se vuelve crucial en la última fase del proyecto de *big data.*

IMPORTANTE

Iterar implica revisar y mejorar continuamente los modelos y análisis basados en los nuevos datos y retroalimentación. Esta práctica garantiza que el proyecto se mantenga relevante, preciso y alineado con las dinámicas cambiantes del entorno empresarial, permitiendo una mejor toma de decisiones y aprovechamiento de oportunidades emergentes.

2.2. Profesionales *big data*

Desarrollar un proyecto de *big data* es una tarea compleja que requiere de una combinación de habilidades especializadas y la colaboración de diversos perfiles profesionales. Cada etapa del proyecto, desde la definición de objetivos hasta la implementación de soluciones de inteligencia artificial, demanda conocimientos técnicos y estratégicos específicos.

Para afrontar con éxito estos desafíos, es vital contar con un equipo multidisciplinar que pueda abordar todos los aspectos del **ciclo de vida del proyecto.** En este contexto, son cinco perfiles profesionales los que emergen como piezas clave: el **ingeniero de datos,** el **analista de datos,** el **arquitecto de *big data*,** el **especialista en IA** y el **científico de datos**. La labor de todos estos profesionales consigue transformar datos en decisiones *(insights)*.

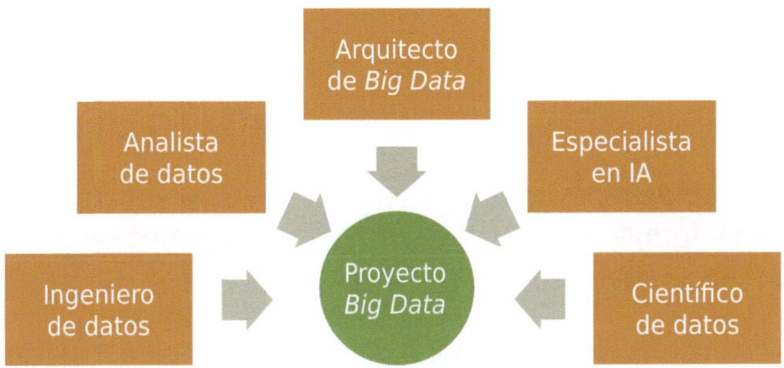

Cada uno de los profesionales aporta una perspectiva única, conocimientos y destrezas fundamentales que, en conjunto, permiten convertir grandes volúmenes de datos en insights valiosos y decisiones bien informadas.

A continuación, podrás explorar el rol y la contribución de cada una de estas personas expertas en la construcción de un proyecto de *big data* exitoso.

Ingeniero de datos

El **ingeniero de datos** es el especialista responsable en una organización de establecer las bases para la recolección, almacenamiento, procesamiento y gestión de los datos.

Actúa como la puerta de entrada de los datos, configurando la infraestructura necesaria para que la información sea accesible y utilizable por los analistas y científicos de datos que la trabajarán posteriormente. Este profesional debe manejar motores de bases de datos tanto SQL como NoSQL, tener experiencia en plataformas de nube como AWS y sistemas de procesamiento masivo de datos como *Hadoop*.

NOTA

Es muy recomendable que este profesional tenga habilidades en lenguajes de programación para facilitar la manipulación y transformación de los datos.

Continúa en página siguiente >>

<< Viene de página anterior

En esencia, el ingeniero de datos prepara y organiza el entorno de datos, asegurando que esté listo para el análisis y el desarrollo de modelos predictivos.

Analista de datos

El **analista de datos** es el profesional de *big data* encargado de convertir los datos en información de valor para facilitar a la empresa una óptima toma de decisiones.

Su trabajo consiste en extraer información clave a partir de los datos proporcionados por el ingeniero de datos. Para ello, el analista debe explorar, preprocesar y analizar estos datos, y luego, saber comunicar los hallazgos al personal clave, generalmente el personal directivo. Para ello, utiliza herramientas de visualización como *Tableau* o *Grafana*.

NOTA

Además de las habilidades técnicas del analista de datos, es fundamental que este profesional tenga una buena comprensión del negocio, conocimiento del sector, capacidad para colaborar con otros equipos de trabajo y habilidades interpersonales para comunicar eficazmente sus resultados.

Arquitecto de datos

El arquitecto de *big data* actúa como un enlace vital entre los equipos técnicos, científicos e ingenieros de datos, y los equipos orientados al negocio, analistas de datos y personal directivo.

Este profesional es esencial para cualquier empresa que desee construir un entorno de *big data* eficaz, ya que gestiona todo el ciclo de vida de los datos, desde su recolección hasta su presentación final. Su función es multidisciplinaria: abarca la creación y mantenimiento de la infraestructura necesaria para que cada tarea específica pueda llevarse a cabo eficientemente por los demás perfiles del equipo.

NOTA

El arquitecto de *big data* asegura que todas las partes del sistema de datos estén perfectamente integradas y funcionen de manera cohesiva, facilitando tanto el trabajo técnico como la toma de decisiones estratégicas.

Especialista en IA

El especialista en inteligencia artificial añade una dimensión decisiva a un proyecto de *big data,* al potenciar la capacidad de predicción del proyecto.

Mientras que los analistas de datos proporcionan información valiosa para la toma de decisiones, el especialista en IA lleva esto un paso más allá al desarrollar algoritmos de *machine learning* y *deep learning.* Estos algoritmos permiten realizar predicciones precisas sobre tendencias futuras y comportamientos, mejorando significativamente la calidad y la eficacia de las decisiones empresariales.

NOTA

Los especialistas en IA son profesionales altamente demandados y escasos que necesitan competencias muy específicas y un compromiso continuo con el aprendizaje para mantenerse al día con los avances tecnológicos. Su papel es esencial para aprovechar al máximo el potencial de los datos y transformar *insights* en acciones predictivas.

Científicos de datos

El científico de datos, aunque similar al analista de datos, se diferencia principalmente en su enfoque más orientado a la investigación y desarrollo (I+D).

Mientras que el analista de datos se centra en el análisis con una mentalidad de negocio para apoyar la toma de decisiones, el científico de datos busca descubrir valor oculto en los datos sin necesariamente tener que extraer conclusiones prácticas inmediatas. Este perfil es estratégico y se enfoca en encontrar patrones complejos y relaciones profundas que no son evidentes para el analista de datos.

NOTA

Idealmente, un científico de datos cuenta con un sólido historial de investigación, publicaciones científicas de renombre en su campo y fuertes vínculos con el sector académico, lo cual le permite abordar problemas desde una perspectiva más teórica y metodológica.

---

3. Sistemas de aprendizaje automático y manuales

 **HILO CONDUCTOR**

Para mejorar aún más su aplicación, Marta y sus amigos decidieron incorporar sistemas de aprendizaje automático o *machine learning*. Estos sistemas podrían entrenarse tanto con datos históricos como con datos en tiempo real recopilados por su aplicación. También, explorarían opciones de aprendizaje manual para ajustar y optimizar sus modelos según fuera necesario, asegurando una precisión y eficiencia óptimas.

Los sistemas de aprendizaje automático y aprendizaje profundo aprovechan la potencia del 5G para procesar grandes volúmenes de datos en tiempo real. Esto permite la creación de modelos predictivos más precisos y sofisticados, que pueden utilizarse en una variedad de casos de uso, desde la optimización de la cadena de suministro hasta la personalización de la experiencia del cliente. Asimismo, los sistemas manuales respaldados por el 5G posibilitan intervenciones humanas cuando es necesario, combinando lo mejor de ambos mundos para obtener resultados óptimos.

Sin embargo, en la era tecnológica actual, las organizaciones se enfrentan a una cantidad abrumadora de datos que, si no se gestionan y analizan adecuadamente, pueden convertirse en una desventaja competitiva significativa. Para evitar que esto ocurra y ganar competitividad, las organizaciones han de utilizar sistemas de aprendizaje tanto automáticos como manuales.

IMPORTANTE

Los sistemas de aprendizaje automático permiten procesar grandes volúmenes de datos rápidamente y pueden descubrir patrones ocultos que podrían pasar desapercibidos en el análisis manual. Estos sistemas se basan en algoritmos que aprenden y mejoran con el tiempo, ofreciendo predicciones y análisis cada vez más precisos. Sin embargo, el análisis manual, llevado a cabo por personas expertas en la materia tratada, sigue siendo trascendental para proporcionar contexto, interpretar resultados complejos y tomar decisiones bien informadas basadas en el conocimiento, la intuición y la experiencia.

3.1. Arquitectura de *big data*

Para maximizar el potencial de ambos enfoques, el aprendizaje automático y el aprendizaje manual, es esencial contar con una infraestructura robusta que soporte la recopilación, almacenamiento, procesamiento y análisis de datos a gran escala. Aquí es donde entra en juego la **arquitectura de *big data*,** siendo su base la siguiente:

- ⮫ ***Data hub.*** Es un sistema que centraliza todos los datos de una organización en un único lugar para facilitar su procesamiento. Su objetivo es integrar diferentes fuentes de datos, organizarlos y hacerlos accesibles para su análisis y visualización mediante herramientas de *Business Intelligence* o inteligencia de negocios. Se puede pensar en este sistema como un centro de mando donde toda la información se reúne para ser gestionada y aprovechada con eficacia.

  Por ejemplo, una empresa recoge datos de ventas, *marketing* y atención al cliente. El *data hub* centraliza esta información, permitiendo a los profesionales analistas combinar y analizar los datos de forma integral para obtener una visión completa del rendimiento de la empresa.

➲ **EDW.** *Enterprise data warehouse* o EDW es un sistema de almacenamiento diseñado principalmente para informes y análisis de datos.

**Representación de un sistema
tradicional EDW**

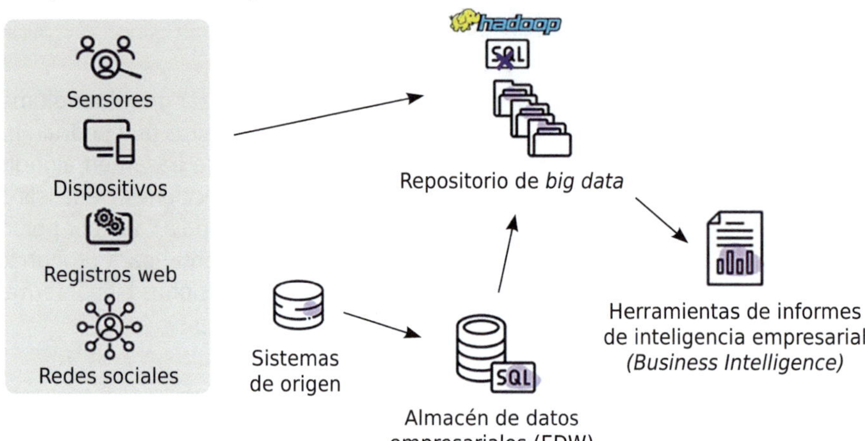

Por ejemplo, una cadena de supermercados utiliza un EDW para almacenar registros de venta históricos. Los directivos pueden generar informes detallados y analizar tendencias de ventas anuales, mensuales o incluso diarias para tomar decisiones sobre inventarios y estrategias de *marketing.*

A diferencia del *data hub,* la principal función del EDW es almacenar grandes volúmenes de datos de forma estructurada y optimizada para poder realizar consultas ágiles. Es ideal para tener un repositorio centralizado donde los datos estén organizados y preparados para ser analizados, sin importar el nivel de procesamiento necesario, aunque también presenta algún inconveniente.

Básicamente, se integran todas las bases de datos existentes en la empresa para complementar los datos provenientes de diversas fuentes, que se envían directamente al repositorio de *big data* gestionado por la arquitectura. La principal problemática que presenta este modelo EDW es que actúa como si fuera un cuello de botella. Este estrechamiento disminuye la eficiencia del sistema debido a que no aprovecha las ventajas del repositorio de *big data*. En consecuencia, es posible afirmar que este enfoque de almacenamiento de datos empresariales no es escalable.

➲ ***Data lake.*** Es un vasto depósito que almacena datos en su formato original sin necesidad de estructurarlos previamente y que proceden de diferentes fuentes. Esto significa que puede contener:

- Datos estructurados
- Datos semiestructurados
- Datos no estructurados

El lago de datos funciona como un avanzado centro de procesamiento de datos, armonizándolos y analizándolos para que puedan ser enviados directamente a las herramientas de visualización e inteligencia empresarial, o pasar por el EDW para mejorar la velocidad y efectividad de las respuestas.

**Fuentes de *big data*
(crudas, no estructuradas)**

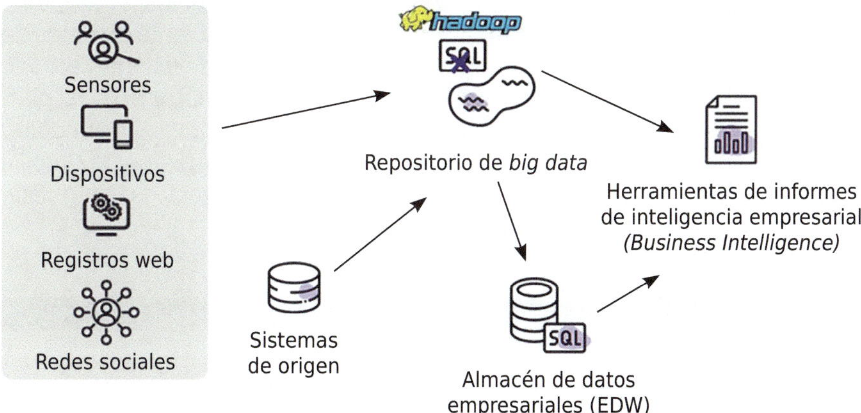

La estructura de los datos no se define hasta que se necesite, permite una gran flexibilidad. Es útil para almacenar grandes cantidades de información diversa, donde los datos pueden ser procesados y analizados en su forma más cruda.

Por ejemplo, una empresa tecnológica recopila datos de sensores de IoT, registros de actividad web y datos de redes sociales. Estos datos se almacenan en un *data lake* en su formato original. Los científicos de datos pueden extraer y procesar estos datos según sea necesario para desarrollar modelos predictivos y mejorar la experiencia del usuario.

NOTA

Los datos estructurados son aquellos que están organizados en un formato fijo, como pueden ser tablas en bases de datos relacionales, donde cada campo tiene

Continúa en página siguiente >>

<< Viene de página anterior

un tipo de dato definido (números, fechas, texto). Los datos no estructurados no siguen un formato predefinido y lo podrían conformar textos libres, imágenes, vídeos, correos electrónicos y publicaciones en redes sociales. Los datos semiestructurados tienen una estructura flexible que no se ajusta completamente a un modelo rígido, pero contienen etiquetas y elementos organizativos, como XML y JSON, que facilitan su análisis y procesamiento.

La arquitectura *big data* proporciona el marco necesario para integrar diversas tecnologías y herramientas que faciliten el flujo eficiente de datos desde su origen hasta su análisis final. En este entorno, se despliegan soluciones de almacenamiento como **Hadoop, bases de datos SQL y NoSQL,** plataformas en la nube y herramientas de visualización de datos. Al mismo tiempo, permite a diferentes perfiles profesionales, como ingenieros de datos, analistas, científicos de datos, especialistas en IA y arquitectos de *big data,* trabajar en conjunto con eficacia y eficiencia.

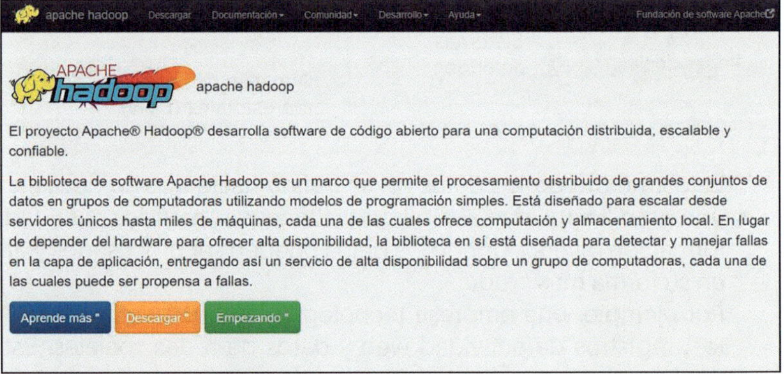

Hadoop permite manejar cantidades masivas de datos con gran eficiencia, haciendo que sea ideal para aplicaciones de big data, con independencia del sector, desde análisis de negocios hasta investigación científica.

 ## PARA SABER MÁS

Puedes acceder al siguiente enlace para ampliar la información sobre *Hadoop.*

Continúa en página siguiente >>

<< Viene de página anterior

https://redirectoronline.com/ifcd990412

3.2. *Hadoop* para sistemas de aprendizaje automático y manual

Hadoop es una plataforma de *software* de código abierto que se utiliza para almacenar y procesar grandes conjuntos de datos de manera distribuida. Es especialmente útil para diseñar sistemas de aprendizaje automático y manual, debido a su capacidad para manejar grandes volúmenes de datos y por su flexibilidad para integrarse con otras herramientas de procesamiento de datos y aprendizaje automático. Su explicación es la siguiente:

➲ ***Hadoop* para sistemas de aprendizaje automático:**

1. **Almacenamiento distribuido con HDFS:**

   ⇕ **HDFS *(Hadoop distributed file system)*.** *Hadoop* almacena datos en un sistema de archivos distribuido. Esto permite manejar grandes volúmenes de datos distribuidos en múltiples servidores. Se trata de una característica clave para el aprendizaje automático, ya que en la mayoría de las ocasiones requiere procesar grandes cantidades de datos para entrenar modelos precisos.

   ⇕ **Escalabilidad.** HDFS permite escalar el almacenamiento y el procesamiento de datos simplemente agregando más nodos al clúster. Con ello se facilita el manejo de datasets masivos que son propios en proyectos de aprendizaje automático.

2. **Procesamiento de datos con *MapReduce*:**

   ⇕ ***MapReduce.*** Se trata de un modelo de programación que permite procesar grandes volúmenes de datos en paralelo. *MapReduce* divide la tarea en subtareas más pequeñas llamadas Map, para luego combinar los resultados o Reduce. Esto permite procesar y limpiar datos con gran eficiencia, preparándolos para el entrenamiento de modelos de aprendizaje automático. Por ejemplo, para un sistema de recomendación de productos, *MapReduce* podría ser utilizado para procesar esos grandes volúmenes de datos de usuarios, extrayendo características relevantes para el modelo de recomendación.

3. **Integración con herramientas de aprendizaje automático:**

   - ⇕ ***Apache Mahout.*** Es una biblioteca de aprendizaje automático que se ejecuta sobre *Hadoop,* permitiendo a los desarrolladores construir y aplicar algoritmos de aprendizaje automático directamente sobre el clúster de *Hadoop.*
   - ⇕ ***Apache Spark.*** Aunque no es parte de *Hadoop, Spark* se integra bien con HDFS proporcionando una plataforma más rápida y flexible para el aprendizaje automático en comparación con *MapReduce,* Spark MLlib es su biblioteca de aprendizaje automático, que ofrece una amplia gama de algoritmos de *machine learning.*

➲ ***Hadoop* para sistemas de aprendizaje manual:**

1. **Almacenamiento y acceso a datos:**

   - ⇕ ***Data lake.*** *Hadoop* se puede utilizar para construir un *data lake,* donde ya sabemos que se almacenan grandes volúmenes de datos en su formato más bruto. Esto es útil para los analistas y científicos de datos que realizan análisis manuales, pues pueden acceder a datos históricos y sin procesar para realizar exploraciones y nuevos descubrimientos.
   - ⇕ **Estructuración y preprocesamiento.** *HDFS* permite almacenar datos estructurados, semiestructurados y no estructurados. Proporciona una base sólida para el análisis manual de datos.

2. **Herramientas de consulta y análisis:**

   - ⇕ ***Hive* y *Pig.*** Son herramientas que se ejecutan sobre *Hadoop.* Permiten realizar consultas y transformaciones de datos utilizando un lenguaje de alto nivel. *Hive* utiliza SQL, lo cual facilita la labor de los analistas de datos, al permitirles realizar consultas complejas sin necesidad de escribir código *MapReduce.* Por ejemplo, un analista de datos puede utilizar *Hive* para consultar grandes volúmenes de registros de transacciones con idea de identificar patrones de fraude sin necesidad de escribir código complejo.

Veamos a continuación un sencillo ejemplo de uso del aprendizaje automático y del aprendizaje manual en una empresa que pretende mejorar su sistema de recomendaciones de productos y, además, quiere llevar a cabo un análisis exploratorio manual a fin de mejorar su estrategia de *marketing* digital.

EJEMPLO

Una empresa de comercio electrónico desea optimizar su sistema de recomendaciones de bienes y servicios (aprendizaje automático) y también realizar un análisis exploratorio para optimizar su estrategia de *marketing online* (aprendizaje manual).

Aprendizaje automático

1. La empresa almacena datos de navegación y compra de clientes en HDFS.
2. Utiliza *MapReduce* para limpiar y preprocesar estos datos, extrayendo características como el historial de compras, el tiempo de navegación y las preferencias de productos.
3. Emplea *Apache Mahout* para entrenar un modelo de recomendación que sugiera productos a los clientes basándose en sus comportamientos y características similares de otros clientes.

Aprendizaje manual

1. Los analistas de la empresa utilizan *Hive* para consultar el *data lake* en HDFS, explorando tendencias de compra y comportamiento del cliente.
2. Utilizan *Pig* para transformar y estructurar datos antes de realizar análisis más profundos con herramientas de BI o *business intelligence*.

Hadoop es una plataforma robusta y flexible que facilita tanto el diseño de sistemas de aprendizaje automático, mediante el procesamiento y almacenamiento eficiente de grandes volúmenes de datos, como el aprendizaje manual, proporcionando herramientas que permiten a los analistas explorar y analizar datos en detalle.

Si tienes alguna duda sobre algunas de las herramientas nombradas, haz clic en el siguiente vídeo, en el cual un experto explica en datos cuáles son las principales claves que diferencian la plataforma *Hadoop* y *Apache Park*. Se hace una comparativa exhaustiva de dos de las tecnologías más destacadas en el ámbito del *big data: Apache Spark* y *Hadoop*. Además, se examinan las diferencias clave en cuanto a arquitectura, velocidad de procesamiento, facilidad de uso y aplicaciones específicas de cada plataforma. Conocer estas diferencias es importante para determinar qué herramienta es más apropiada para diversos contextos de procesamiento y análisis de datos.

VÍDEO

Escanea el siguiente QR para conocer qué diferencias son relevantes destacar entre dos potentes plataformas empleadas en la construcción de *big data*, *Apache Spark y Hadoop*.

https://redirectoronline.com/ifcd990413

3.3. Construcción de un proyecto de *machine learning*

La construcción de un modelo de aprendizaje automático se puede esquematizar de forma sencilla mediante un proceso que consta de cuatro pasos:

1. **Datos de preparación.** En este primer paso estamos reuniendo los materiales necesarios para construir nuestro modelo. Imagina que estamos haciendo una manualidad y necesitamos papel, tijeras y pegamento. Pero, a veces, el papel que tenemos no está en el tamaño adecuado o no es del tipo que necesitamos. Entonces, tenemos que cortarlo y darle forma para que se ajuste a nuestras necesidades. Eso es básicamente lo que hacemos en la preparación de datos, convertimos los datos en bruto en un formato que nuestro modelo pueda entender y usar.
Avanzar a un segundo paso con los datos en un formato CSV es una excelente opción.

2. **Ingeniería de características.** Una vez que tenemos nuestros materiales listos, necesitamos decidir qué partes específicas de esos materiales son importantes para nuestra manualidad. Si estamos construyendo un avión de papel, las alas son primordiales. En la ingeniería de características, seleccionamos las partes más relevantes de nuestros datos que

creemos que serán útiles para predecir lo que queremos. Por ejemplo, si estamos tratando de predecir el clima, seleccionamos características *(features)* como la temperatura, la humedad, etc.

Como ejemplo, en la predicción del clima podemos seleccionar como característica principal la temperatura. Es entonces cuando estaremos preparados para avanzar al tercer paso.

3. **Modelado de datos.** Ahora que sabemos qué partes de nuestros materiales son importantes, es hora de empezar a construir nuestro modelo. Piensa en esto como seguir las instrucciones para armar nuestro avión de papel. Tenemos que doblar el papel de cierta manera para que se convierta en las alas y otra forma para dar forma al fuselaje. Del mismo modo, elegimos un modelo de aprendizaje automático, es decir, seleccionaremos el algoritmo, y lo alimentamos con nuestros datos preparados para que pueda aprender cómo se relacionan las características seleccionadas con lo que queremos predecir.

4. **Medición del rendimiento.** Una vez que hemos construido nuestro avión de papel, queremos saber si realmente vuela bien o no. Probamos lanzándolo varias veces y vemos la distancia que alcanza. En el aprendizaje automático, hacemos algo similar. Tomamos nuestro modelo y lo probamos con datos que no ha visto antes para ver cómo de bien puede llegar a hacer predicciones.

   La métrica de rendimiento nos dice cuánto de precisas son las predicciones realizadas por el modelo. Cuanto más preciso sea, mejor será su rendimiento. Esto nos ayuda a saber si nuestro modelo es efectivo o si necesita más ajustes. En este último caso, hablamos de proceso iterativo, es decir, va repitiéndose hasta poder comprobar que este modelo cumple con la expectativa de rendimiento.

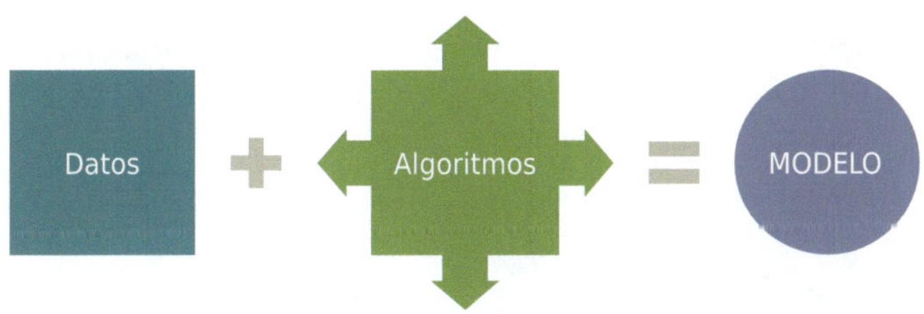

Llegados a este punto, no está mal recordar la diferencia entre aprendizaje automático supervisado y aprendizaje automático no supervisado.

NOTA

La mejor manera de comprender y alcanzar a ver cómo un sistema es capaz con su inteligencia artificial de simular a la inteligencia humana es desmembrando con ejemplo modelos de aprendizaje automático. Con ello, es posible vislumbrar cómo se construye la inteligencia artificial y cómo se entrenan los modelos, para dotarlos de esas capacidades humanas para que aprendan de forma automática a razonar, deducir y predecir con enorme agilidad.

4. *Chatbots*, hologramas y robots

HILO CONDUCTOR

El equipo también vio el potencial en el uso de *chatbots*, hologramas y robots dentro de su aplicación de realidad virtual. Los *chatbots*, impulsados por IA, proporcionarían asistencia instantánea a los usuarios, mientras que los hologramas y robots ofrecerían experiencias más interactivas y totalmente personalizadas. La conectividad 5G permitiría que estas tecnologías funcionaran en tiempo real sin problema, mejorando considerablemente la experiencia del usuario.

La combinación de inteligencia artificial y 5G permite potenciar la interacción entre humanos y tecnologías de formas muy innovadoras.

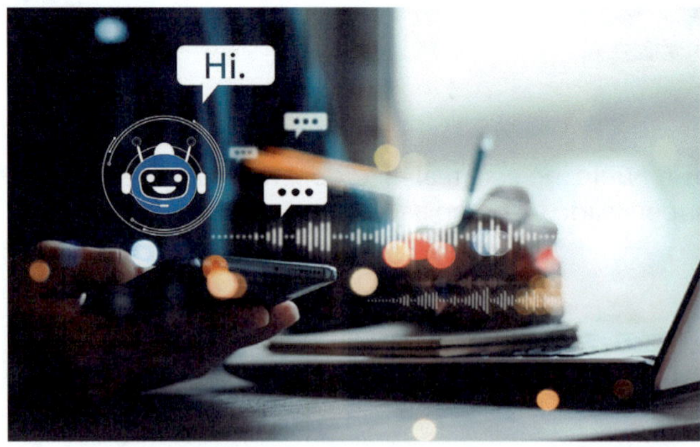

Los chatbots impulsados por IA pueden brindar asistencia instantánea y personalizada a los usuarios.

Todas las ventajas de estos tipos de tecnologías son posibles gracias a la baja latencia y alta velocidad del 5G.

Los hologramas y los robots ofrecen experiencias inmersivas y servicios físicos automatizados en tiempo real.

ACTIVIDAD COMPLEMENTARIA

6. En la era de la inteligencia artificial, tecnologías como *chatbots,* hologramas y robots han transformado la manera en que interactuamos con el mundo digital y físico. Sin embargo, estas innovaciones dependen en gran medida de una conectividad rápida y de baja latencia, como la que proporciona el 5G. Sin estas características, se presentan varios inconvenientes que pueden afectar a la eficacia de la tecnología y a las experiencias de los usuarios.

   Basándote en esto, responde a las siguientes preguntas: ¿cuáles son los principales inconvenientes que enfrentarían las tecnologías avanzadas como los *chatbots*, hologramas y robots al no contar con la baja latencia y alta velocidad del 5G? ¿Cómo podemos mitigar estos desafíos para seguir avanzando en la innovación tecnológica?

5. Redes neuronales y sistemas expertos

👉 HILO CONDUCTOR

Para analizar los datos complejos generados por su aplicación, el grupo de emprendedores formado por Marta y sus compañeros de trabajo decidió utilizar redes neuronales profundas y sistemas expertos. Las redes neuronales les permitirían identificar patrones complejos en los datos, mientras que los sistemas expertos podrían proporcionar recomendaciones basadas en reglas predefinidas. Esta combinación, o sistema híbrido, permitiría una mejor toma de decisiones dentro de la aplicación.

Mientras que el *machine learning* hace referencia al uso de algoritmos de aprendizaje automático, *deep learning* o aprendizaje profundo emplea un conjunto más avanzado de algoritmos conocidos como **redes neuronales profundas,** que contienen múltiples capas. Recordemos brevemente en qué consistían:

Capa de entrada
Es la primera capa de una red neuronal. Su función es recibir los datos iniciales que se van a procesar. Cada neurona en esta capa representa una característica o un atributo de los datos de entrada.

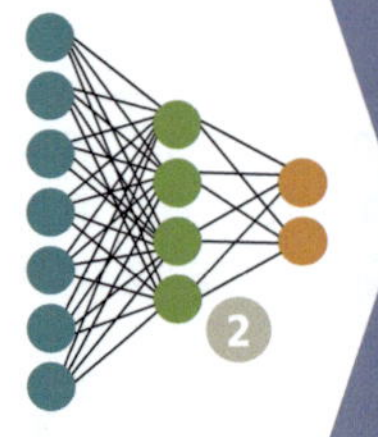

Capa oculta
Está ubicada entre la capa de entrada y la capa de salida. Puede haber una o varias capas ocultas. Su función es procesar las entradas mediante una serie de transformaciones y cálculos. Las neuronas en las capas ocultas aplican funciones de activación para capturar relaciones complejas entre los datos.

Capa de salida
Es la última capa de la red neuronal. Su función es producir la salida final de la red, que puede ser una predicción, una clasificación o cualquier otro resultado deseado. Cada neurona en esta capa representa una posible salida o clase.

👁 EJEMPLO

Consideremos una red neuronal simple para predecir el precio de una casa en función de dos características: el tamaño (en metros cuadrados) y el número de habitaciones.

1. Capa de entrada

Neurona 1: tamaño de la casa (metros cuadrados)

Neurona 2: número de habitaciones

2. Capa oculta

Neurona oculta 1

Neurona oculta 2

Neurona oculta 3

Cada neurona oculta toma las entradas, aplica un peso a cada una, suma los resultados y pasa esta suma por una función de activación (como ReLU o sigmoide).

3. Capa de salida

Neurona de salida = precio de la casa

La neurona de salida toma las salidas de todas las neuronas ocultas, las combina (aplicando sus respectivos pesos y una función de activación) y produce el valor final: la predicción del precio de la casa.

Una de las principales diferencias entre el *machine learning* y el *deep learning* es la profundidad de las capas que este último contempla, imitando las conexiones neuronales de un sistema neuronal biológico.

Neurona artificial

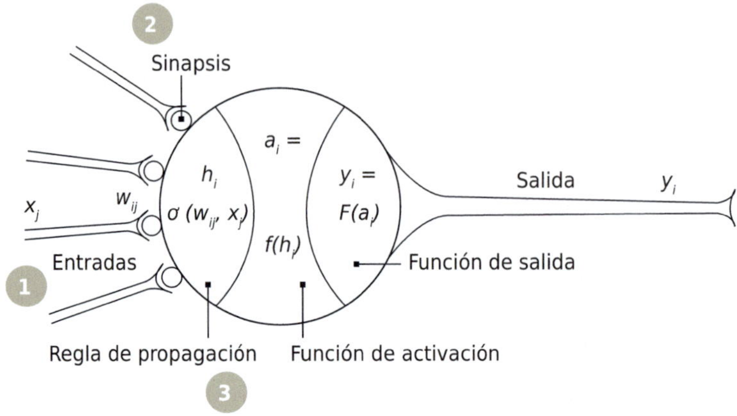

Redes neuronales

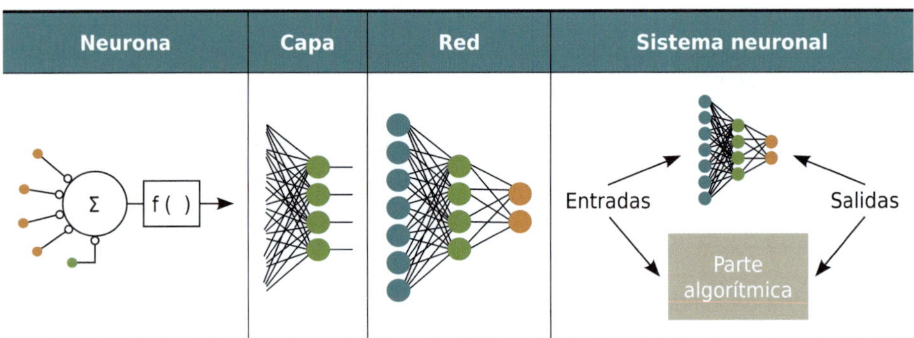

Elementos necesarios para simular artificialmente un sistema nervioso

Las redes neuronales están diseñadas específicamente para el reconocimiento de patrones complejos. Son una evolución avanzada del *machine learning*. Este enfoque no solo trata de imitar cómo los humanos aprenden, sino que se inspira en la actividad de las redes neuronales del cerebro humano.

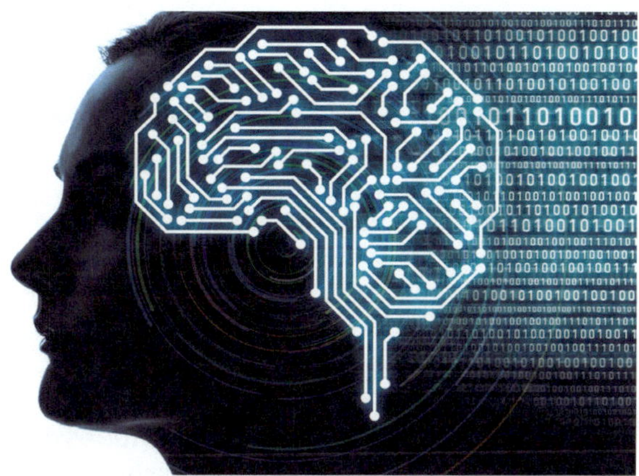

Utilizando múltiples capas de redes neuronales artificiales, deep learning puede analizar y extraer información compleja del entorno, similar a como el cerebro humano percibe y procesa información para adquirir conocimiento.

Las **redes neuronales profundas** y los **sistemas expertos** son dos enfoques distintos dentro del campo de la inteligencia artificial, pero comparten el objetivo común de resolver problemas complejos y proporcionar soluciones inteligentes:

1. **Redes neuronales profundas.** Son un tipo de aprendizaje automático inspirado en la estructura del cerebro humano. Están formadas por múltiples capas de neuronas artificiales que procesan datos de manera jerárquica.

   - **Funcionamiento.** Utilizan grandes cantidades de datos y algoritmos de entrenamiento (como el descenso de gradiente) para aprender representaciones complejas de los datos. Cada capa de la red extrae características progresivamente más abstractas.
   - **Aplicaciones.** Reconocimiento de imágenes, procesamiento de lenguaje natural, predicción de secuencias, etc.

2. **Sistemas expertos.** Los sistemas expertos son programas que emulan el juicio y el comportamiento de un ser humano o una organización que tiene experiencia y conocimientos en un campo específico.

   - **Funcionamiento.** Utilizan reglas basadas en conocimiento (si-entonces) y una base de conocimientos para tomar decisiones o resolver problemas. A menudo, incluyen un motor de inferencia que aplica las reglas al conocimiento para derivar conclusiones.
   - **Aplicaciones.** Diagnóstico médico, asesoramiento financiero, planificación logística, etc.

3. **Relación entre ambos:**

- Ambos buscan resolver problemas complejos y proporcionar soluciones inteligentes. Las redes neuronales profundas hacen esto aprendiendo patrones y representaciones de datos, mientras que los sistemas expertos lo hacen aplicando reglas y conocimiento predefinido.
- Las redes neuronales profundas pueden ser utilizadas para mejorar los sistemas expertos. Por ejemplo, son capaces de analizar grandes cantidades de datos para descubrir nuevas reglas o patrones que pueden ser incorporados en la base de conocimientos de un sistema experto.
- Existen sistemas híbridos que combinan redes neuronales profundas y sistemas expertos. En estos sistemas, las redes neuronales suelen ser utilizadas para el procesamiento inicial y la extracción de características, mientras que los sistemas expertos aplican reglas y conocimientos específicos para la toma de decisiones finales.

IMPORTANTE

Las redes neuronales profundas y los sistemas expertos pueden beneficiarse enormemente de la capacidad de procesamiento mejorada del 5G. Estos sistemas analizan datos complejos a una velocidad sin precedentes, lo cual permite tomar mejores decisiones tiempo real en una variedad de aplicaciones.

6. Gestión de bases de inteligencia

HILO CONDUCTOR

La gestión eficiente de la información recopilada sería crucial. Marta y sus compañeros decidieron establecer una base de datos centralizada y segura, donde todos los datos recolectados podrían ser almacenados y analizados. Utilizando técnicas avanzadas de gestión de datos, asegurarían que la información fuera accesible y útil para la mejora continua de su aplicación de realidad virtual.

La gestión eficiente de grandes volúmenes de datos es fundamental para el éxito de los proyectos de inteligencia artificial y *big data, Google, Netflix, Amazon* son buenos ejemplos de estos éxitos.

RECUERDA

El siguiente esquema describe el proceso en el que la extracción de datos termina convirtiéndose en fuente de conocimiento para la toma de importantes decisiones.

Proceso de transformación de datos en conocimiento con la participación de la minería de datos

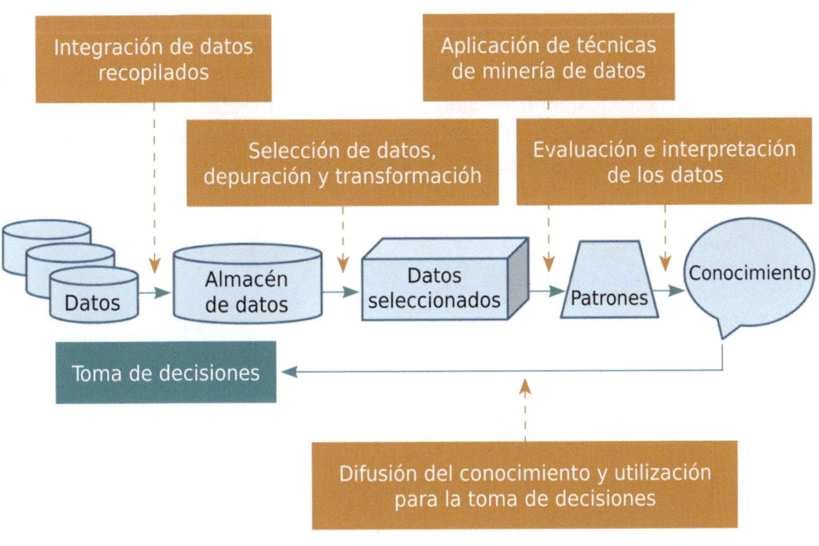

Con las tecnologías del 5G, las empresas tienen el potencial para acceder, almacenar y procesar datos con gran agilidad, con lo cual son más eficientes que nunca. Esto les ayuda a extraer información valiosa y tomar decisiones basadas en datos de valor de una manera más productiva.

6.1. *Orange* y *Weka*

Orange y ***Weka*** están entre las múltiples plataformas de exploración de datos que cuentan con interesantes características para aplicar las técnicas de minería al conjunto de datos y desarrollar modelos de IA.

A continuación, conocerás con más detalle algunos aspectos interesantes de estos programas informáticos:

- ⊃ ***ORANGE.*** Es una plataforma de trabajo para el aprendizaje automático creada por la Universidad de Ljubljana. Se trata de un *software* de código abierto que facilita la visualización de datos y la creación de flujos de trabajo en el análisis de datos de una manera muy visual. Cuenta con diversas herramientas para facilitar el manejo y procesamiento de un gran volumen de datos.
- ⊃ ***WEKA.*** Otra conocida plataforma de trabajo para el aprendizaje automático creada por la Universidad de Waikato. Se trata de un *software* de código abierto con una intuitiva interfaz gráfica. Su uso está recomendado para tanto como plataforma de enseñanza como aplicaciones empresariales en las que se manejan una ingesta importante de datos. Contiene herramientas diversas para llevar a cabo las tareas propias del aprendizaje automático: *Scikitlearn, R* y *Deeplearning4j.*

 **IMPORTANTE**

Tanto *Orange* como *Weka* son programas de código abierto que sirven para construir modelos basados en inteligencia artificial sobre un conjunto de datos, a fin de obtener resultados predictivos que den solución a multitud de problemas. Realizan tareas de explotación y exploración de datos, entrenando al algoritmo para desempeñar tareas.

La *suite* de aprendizaje automático *Orange* está siendo desarrollada por la Universidad eslovena de Ljubljana. Miembros de la Facultad de Informática han conseguido diseñar una ágil herramienta con una interfaz de programación realmente versátil que permite aplicar las técnicas de minería de datos con cierta facilidad.

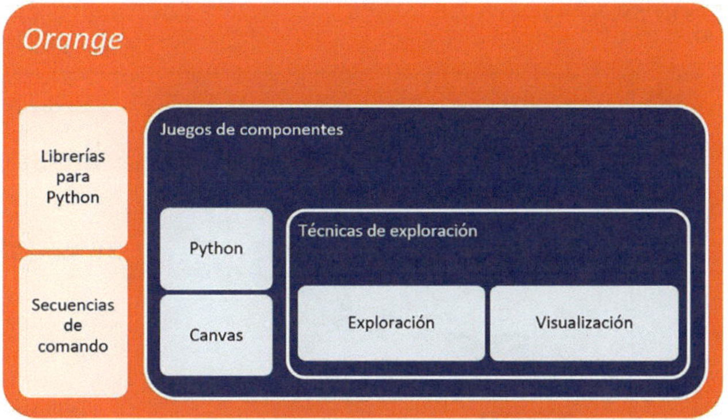

Este *software* permite programar la visualización de información para el **análisis de las exploraciones de datos,** las **secuencias de comando** y la **librería de *Python*.**

Python es un lenguaje de programación mundialmente conocido. Sus numerosas librerías compuestas de paquetes y módulos que contienen operaciones para que el programa desarrollado ejecute tareas acorde a los objetivos.

 **PARA SABER MÁS**

Si te interesa el lenguaje de programación de *Python*, o bien tienes interés por conocer cómo se desarrollan las *apps,* o aprender más sobre las librerías de Python, escanea el siguiente QR, que ofrece información interesante sobre este conocido lenguaje informático.

https://redirectoronline.com/ifcd990414

Continúa en página siguiente >>

<< Viene de página anterior

Ejemplos de librerías de Python. Fuente: decodigo.com

Orange cuenta además con un atractivo **juego de componentes** conocidos como *widgets,* que sirven para el procesamiento de un gran volumen de datos:

- **Aplicación para la entrada de datos y salidas.** *Orange* soporta diferentes formatos de datos como protocolo de comunicación. Entre ellos están:

  - Formato retis
  - Formato tab
  - Formato assistant
  - Formato C4.5

- **Aplicación para el preprocesamiento de datos.** Selección de datos, depuración, transformación, etc.
- **Aplicación para el modelado predictivo.** Selección de modelos en función del enfoque:

  - Árboles de decisión
  - Bayes
  - Reglas de asociación
  - Regresión
  - Etc.

- **Aplicación de técnicas para la descripción de datos.** Métodos de *clustering, k-means, etc.*
- **Aplicación de técnicas de validación del modelo.** Entre ellas está la técnica *cross-validation* o método de validación cruzada.

NOTA

Una gran biblioteca de componentes posibilita a los usuarios del programa, ya sean expertos o no, una investigación más orientada a focalizar en temáticas concretas.

Existen dos fórmulas para acceder a los componentes que presenta *Orange:*

- ***Scripts* de *Python.*** Los *scripts* son secuencias de comandos. Informalmente se hace referencia a ellos para nombrar lenguajes de programación. Para este caso hablamos del conocido lenguaje de programación *Python.*
- ***Widgets* desde *Canvas.*** Los *widgets* son pequeñas aplicaciones que facilitan el acceso a funciones para mostrar información de manera visual. Gracias a ellos se posibilita la interacción con información que se intercambia en Internet. Para *Orange, Canvas* es el programa de información gráfica que utiliza.

NOTA

Orange es una plataforma con múltiples funcionalidades de *software* libre y código abierto. Esto permite a los usuarios poder disponer de ella e incluso realizar modificaciones del *software*, siempre que estas acciones se lleven a cabo para mejorar el programa.

Recuerda que al descargar *Orange* ten en cuenta el sistema operativo que tenga tu dispositivo.

PARA SABER MÁS

Escanea el siguiente QR para acceder a la web de *Orange.*

https://redirectoronline.com/ifcd990415

Visualización interactiva de datos

Orange permite que el conocimiento adquirido en el procesamiento de datos pueda traducirse en **visualizaciones interactivas.** Estas visualizaciones facilitan la comunicación y comprensión de las predicciones.

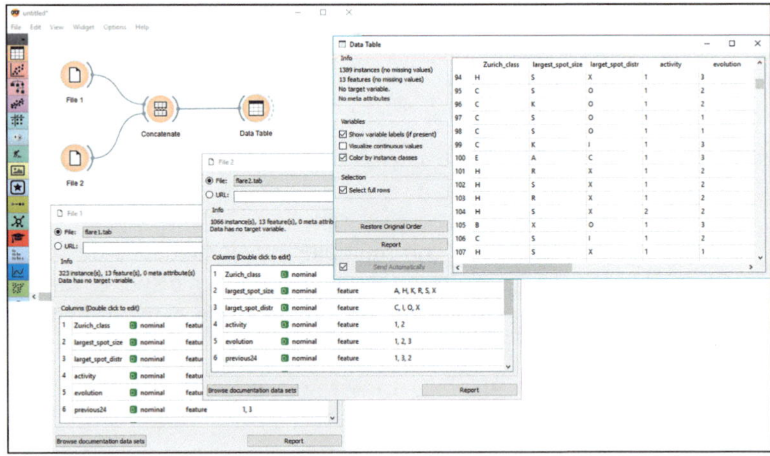

Representación gráfica de tablas de datos en Orange. Fuente: orangedatamining.com

Antes de contar con algunos ejemplos gráficos de *Orange* para conocer cómo se visualizan los datos de forma interactiva, has de saber qué información puede descubrir y de qué forma se muestran estas interacciones:

Visualizar patrones
Facilita la visualización de patrones ocultos en la información descubiertos por el modelo.

Desarrollar la inteligencia intuitiva de las organizaciones
Facilita la visualización de procedimientos intuitivos que apoyarán conclusiones para la toma de decisiones partiendo de la analítica de datos. Proporciona una comunicación mediante gráficas muy claras y sencillas.

Visualizar información específica
Cuenta con widgets de visualización como diagramas de dispersión, diagrama de caja e histograma. Esto permite mostrar la base de datos con visualizaciones muy específicas:
- Dendogramas
- Diagramas de silueta
- Árboles
- Etc.

Utilizar diferentes complementos de visualización
Ofrece la posibilidad de utilizar complementos que pueden mostrar visualizaciones de varios tipos:
- Mapas geográficos
- Redes
- Nubes de palabras
- Etc.

Contar con visualizaciones interactivas estandarizadas hace de *Orange* una herramienta realmente interesante. Facilita la comprensión del trabajo realizado por el algoritmo o la red neuronal a través de distintas fórmulas:

⊃ **Diagrama de dispersión.** Perfecto para visualizar las correlaciones entre pares de variables o atributos.

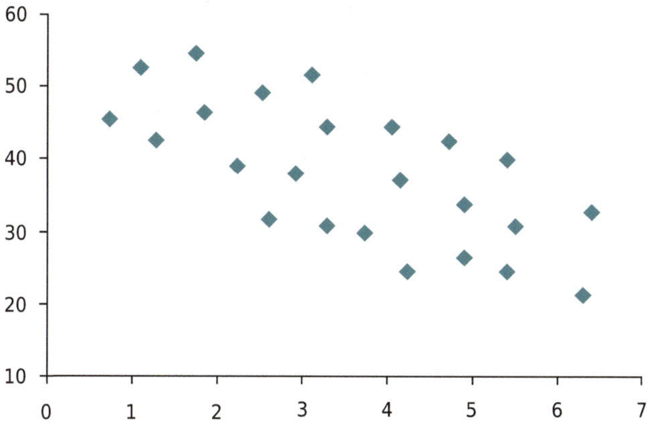

⮑ **Diagrama de caja.** Perfecto para visualizar estadísticas básicas.

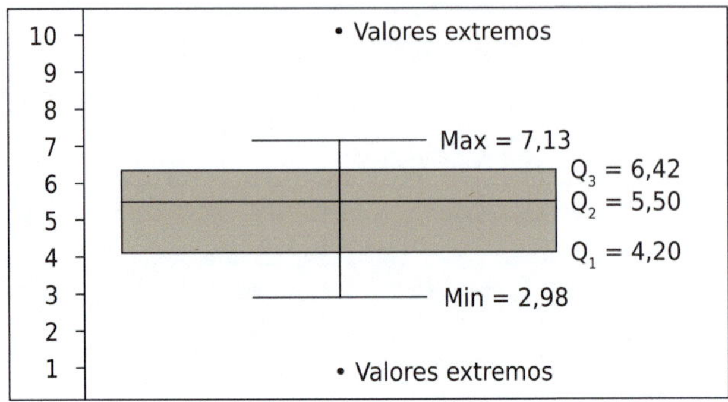

⮑ **Mapa de calor.** Perfecto para visualizar una representación general de todo el conjunto de datos.

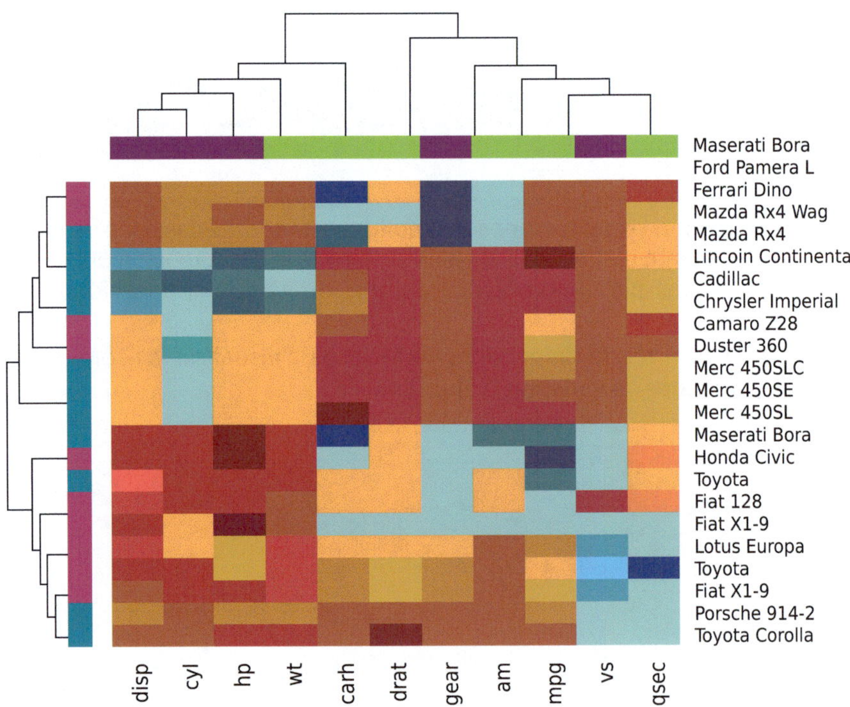

➲ **Diagrama de proyección.** Perfecto para trazar los datos específicos del caso (datos multinomiales) en dos dimensiones.

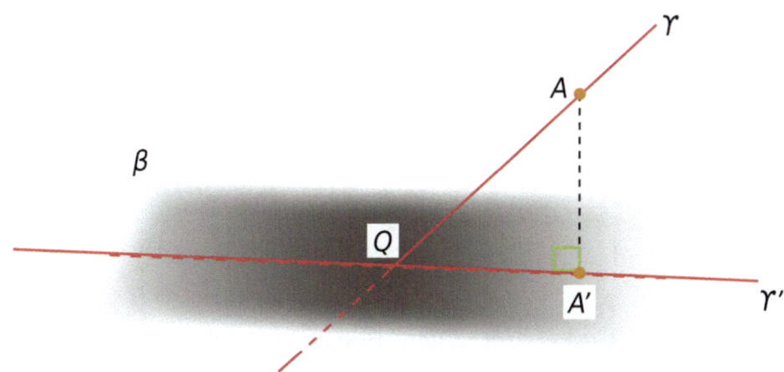

Una vez que se han cargado los datos en *Orange* y estos han sido procesados en esta multiplataforma, es posible convertir las visualizaciones en **gráficos interactivos.**

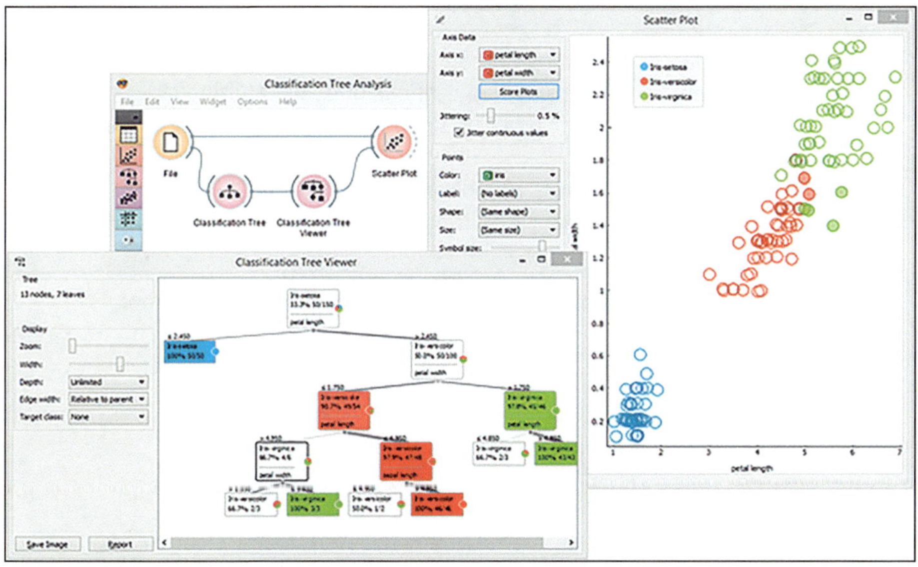

La interactividad de las visualizaciones permite seleccionar puntos de datos en diagramas de dispersión, también seleccionar algún nodo en el árbol de clasificación. Fuente: orangedatamining.com

◉ EJEMPLO

El diagrama de dispersión analiza la relación existente entre dos variables, cómo afecta en una variable los cambios producidos en otras y las posibles relaciones causa/efecto. Visualizar todo ello de forma gráfica ayuda a interpretar los información con mayor precisión.

En este ejemplo se utiliza el diagrama de dispersión para explorar cómo las horas de estudio afectan las calificaciones del alumnado. Esto permite interpretar y comunicar la información con mayor precisión y efectividad. Esta técnica es especialmente útil en la identificación de patrones y relaciones que pueden ser clave para la toma de decisiones.

Imagina que queremos analizar cómo las horas de estudio afectan en las calificaciones de un examen final donde la variable 1 (eje X): horas de estudio y la variable 2 (eje Y): calificaciones en el examen final.

Los pasos en *Orange* serían los siguientes:

1. Importar datos: cargamos un conjunto de datos que contiene información sobre las horas de estudio y las calificaciones del alumnado.
2. Seleccionar variables: en *Orange*, seleccionamos las variables, que son horas de estudio y calificaciones.
3. Crear diagrama de dispersión: utilizamos el *widget* de diagrama de dispersión *(scatter plot)* para visualizar la relación entre estas dos variables.

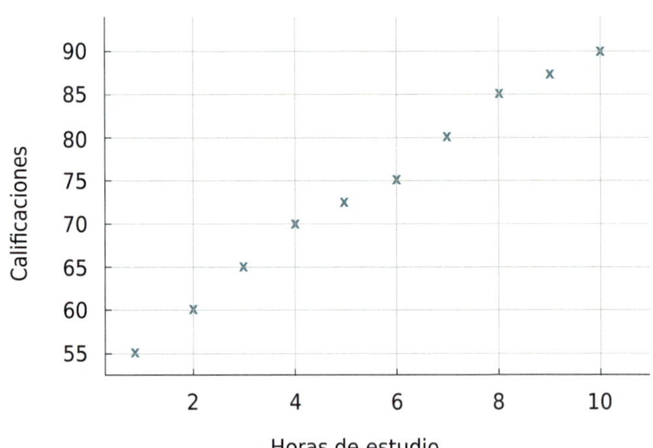

Continúa en página siguiente >>

<< Viene de página anterior

Eje X: representa las horas de estudio.

Eje Y: representa las calificaciones obtenidas en el examen final.

Puntos en el gráfico: cada punto representa a un estudiante, con su posición en el eje X correspondiente a las horas que estudió y su posición en el eje Y correspondiente a la calificación que obtuvo.

Análisis:

- Patrón de dispersión: si los puntos muestran una tendencia ascendente, es decir, a medida que aumentan las horas de estudio también aumentan las calificaciones, podemos inferir una relación positiva entre las dos variables.
- Relación causa/efecto: este patrón sugiere que incrementar las horas de estudio podría llevar a mejores calificaciones, indicando una posible relación de causa y efecto.

Visualización

En el gráfico anterior, hemos observado cómo las calificaciones tienden a aumentar con el incremento de las horas de estudio; sin embargo, también podemos encontrarnos con algunas excepciones, lo que sugeriría que otros factores podrían estar influyendo en las calificaciones.

Interpretación de resultados de visualización

La **interpretación de los gráficos** es realmente importante, más aún cuando se puede incidir de manera interactiva en pares de variables. Por ejemplo, el **diagrama de dispersión** puede mostrar resultados diferentes al seleccionar un punto de datos, o bien utilizar un **diagrama de caja,** a través del cual se obtendría una representación muy visual que describiría varias características relevantes de las variables en un mismo tiempo.

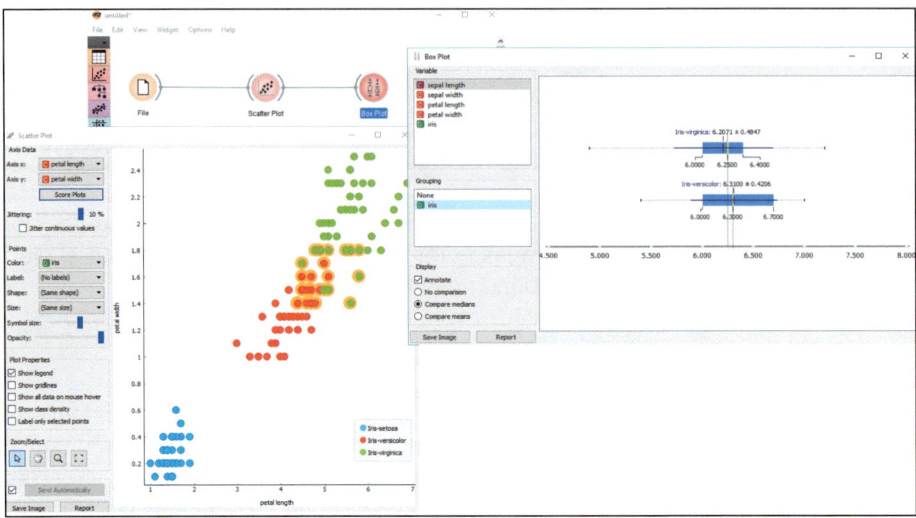

El resultado del análisis ofrece una imagen visual de un diagrama de caja. En una línea se representan los valores máximos y mínimos de los datos, permitiendo así visualizar medidas estadísticas y otra información adicional valiosa como valores extremos. Fuente: orangedatamining.com

Con la visualización interactiva es posible razonar la existencia de un patrón de comportamiento en dos grupos de mediciones. Por ejemplo, el diagrama de dispersión permite conocer de antemano cómo es el tipo de relación entre pares de variables seleccionadas:

⊃ **Relación nula.** La correlación entre variables es inexistente, por lo que no se aprecia ningún tipo de relación.

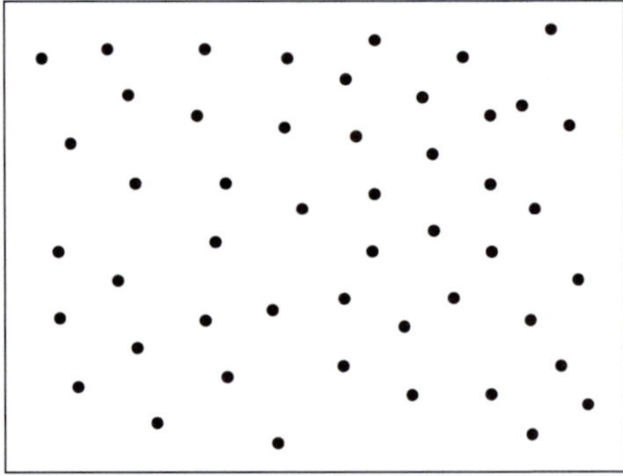

⊃ **Alta correlación positiva.** Existe un leve incremento del valor de una variable (X) a medida que aumenta el valor de la otra variable (Y).

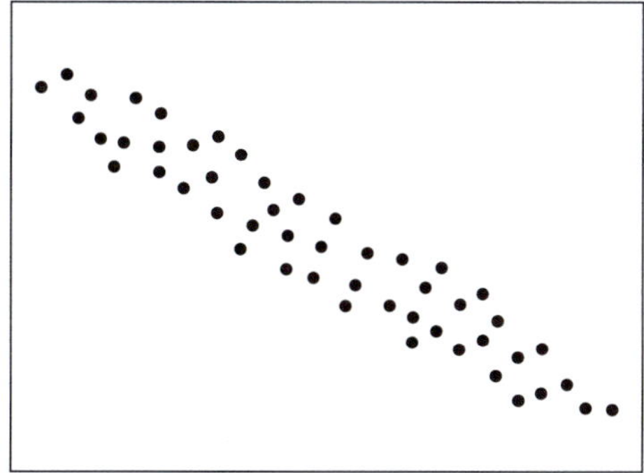

⮕ **Baja correlación positiva.** Existe un leve incremento del valor de una variable (Y) a medida que aumenta el valor de la otra variable (X).

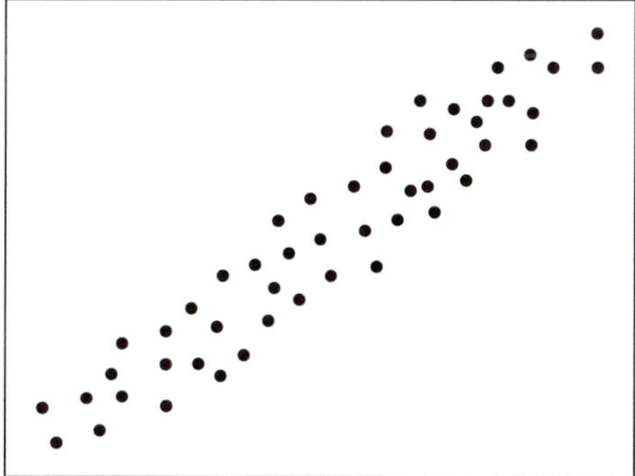

⮕ **Fuerte correlación negativa.** Existe una clara disminución del valor atribuido a la variable (X) conforme se incrementa el valor de la variable (Y).

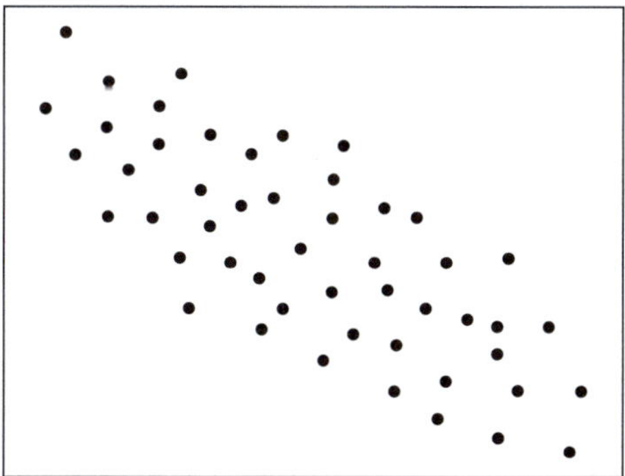

○ **Débil correlación negativa.** Existe una tímida disminución del valor atribuido a la variable (X) conforme se incrementa el valor de la variable (Y).

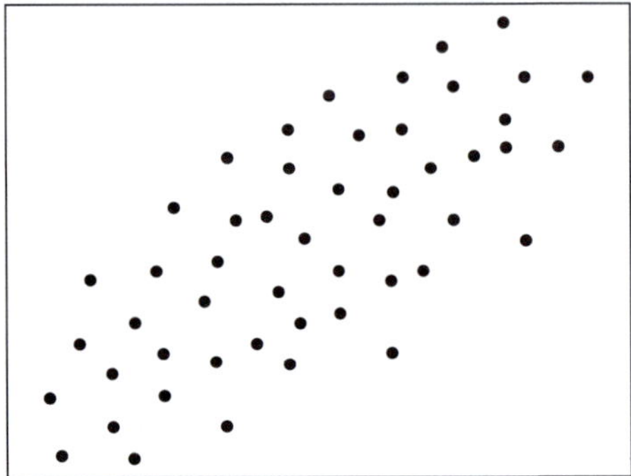

○ **Relación compleja.** Es difícil establecer con claridad la relación establecida entre las dos variables, aunque si se puede apreciar cierta relación.

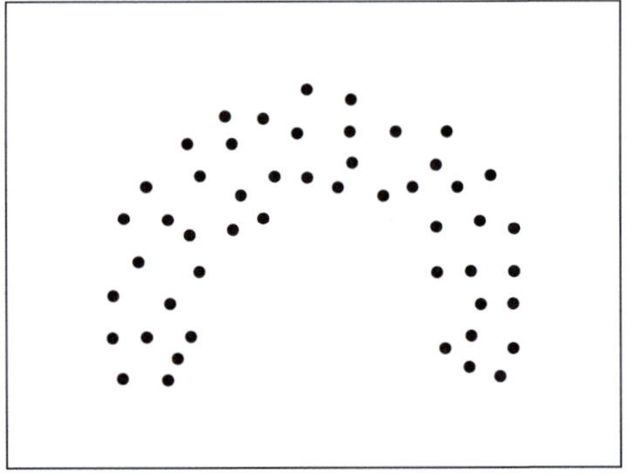

 **TAREA 4**

Gabriel acaba de comenzar a coquetear con una plataforma de aprendizaje automático. Él es estadístico de profesión y, tras encontrar muchas dificultades laborales, ha decidido emprender una actividad en el sector de la consultoría. Gabriel quiere aprovechar todas las oportunidades que ofrece *machine learning* para ofrecer servicios estadísticos a empresas del sector educativo. Por este motivo, y tras crear una base de datos, quiere comenzar a entrenar el algoritmo

Continúa en página siguiente >>

<< Viene de página anterior

e ir interactuando con distintos gráficos para obtener estadísticas básicas. ¿Podrías indicarle a Gabriel qué gráficos de *Orange* permiten visualizar datos estadísticos e interactuar con ellos?

A partir de esto, distingue los tipos de gráficas interactivas que has conocido hasta ahora por medio de los componentes de *Orange.*

En *Orange* es posible interactuar con los distintos gráficos que ofrece esta plataforma. Cualquier interacción que hagamos la entenderá como una instrucción para generar una rápida respuesta de los datos en tiempo real.

A continuación vas a ver lo fácil que es interactuar con los gráficos:

Selección del área
Al seleccionar un conjunto de datos dentro de un gráfico, estos se enviarán como un subconjunto de datos pertenecientes a esa parte seleccionada del gráfico de visualización.

Respuesta a la interacción
Posteriormente y al interactuar en el área seleccionada provocará una respuesta en tiempo real del modelo.

En la imagen se muestra la combinación, en un mismo panel de visualización, de un **diagrama de dispersión** con un **árbol de clasificación.**

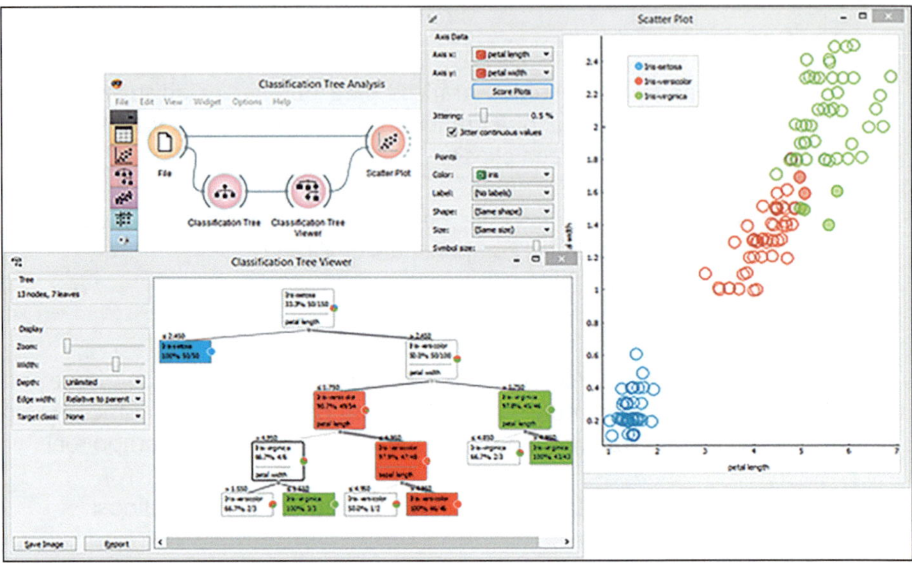

Visualización e interacción en el árbol de clasificación y visualización de resultados como diagrama de dispersión. Fuente: orangedatamining.com

NOTA

El diagrama muestra el global de los datos, pero destaca el subconjunto de datos al que pertenece el nodo seleccionado del árbol de clasificación.

Flujos de trabajo

Orange cuenta con otras funcionalidades, además de las visualizaciones interactivas. La virtud principal de este programa es que su interfaz es muy sencilla. Su uso está indicado tanto para usuarios expertos como para aquellos otros que carecen de experiencia en la explotación de datos dirigidos al aprendizaje automático.

- **Sus *widgets*.** Los *widgets* son las unidades de trabajo de *Orange*. Estos componentes son los que dotan de funcionalidad a la plataforma. Para que *Orange* sea operativa necesitará de dos ingredientes básicos:

  - Los componentes o *widgets*.
  - Los datos

El *software* de *Orange* cuenta con una gran y variada biblioteca de componentes.

○ **Sus funcionalidades.** Los *widgets* llevan a cabo multitud de tareas que hacen posible que sea operativa la plataforma de *Orange:*

- Leen los datos
- Procesan los datos
- Visualizan los datos
- Agrupan los datos
- Crean modelos predictivos y ayudan a estos modelos a llevar a cabo la exploración de los datos

NOTA

La simplicidad de *Orange* se basa en la funcionalidad de sus *widgets*, consistente en una gran biblioteca de componentes, puesto que la analítica de datos se lleva a cabo con la compilación de estas funcionalidades en los flujos de trabajo.

En la mayoría de las ocasiones, cuando se procede a iniciar un **flujo de trabajo** sobre un lienzo en blanco, se suele utilizar el componente llamado **File.**

Es tan sencillo como seleccionar con el ratón el *widget* correspondiente y arrastrarlo a esa gran área en blanco de trabajo que aparece al lado derecho de esta primera pantalla, y que prácticamente ocupa todo el espacio de trabajo.

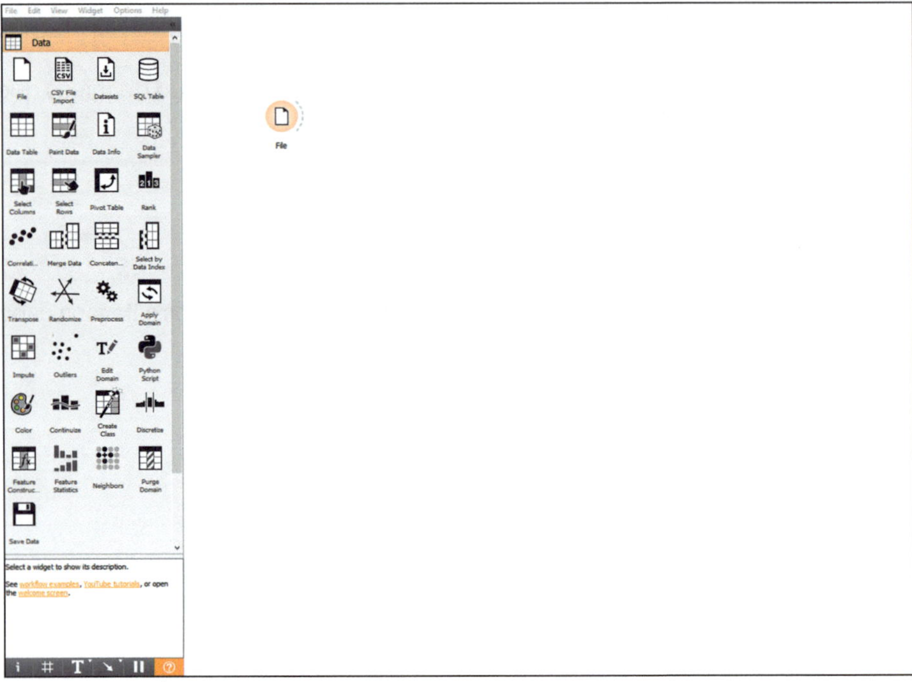

Área de trabajo de Orange. Fuente: aplicación Orange

DEFINICIÓN

Flujo de trabajo
Corresponde a la secuencia de acciones para poder llevar a cabo una tarea concreta.

ACTIVIDAD COMPLEMENTARIA

7. Crea tu primer flujo de trabajo en el lienzo de *Orange,* iniciándolo con unos sencillos pasos. Para ello, descarga en tu ordenador este programa gratuito. Una vez lo tengas instalado, solo tendrás que cerrar la primera ventana que aparece en él y quedarte con el lienzo el blanco.

Continúa en página siguiente >>

<< Viene de página anterior

Después dirígete a la columna de componentes y selecciona *Widget File* en el apartado DATA. Finalmente arrástralo hacia el panel en blanco que está a la derecha. No olvides clicar con el botón derecho del ratón sobre el componente "File" para cambiarle así su nombre.

Nombra a este componente con un apodo que identifique la base de datos que insertarás más adelante con idea de aplicar técnicas de *data mining*.

¿Cómo ha sido la experiencia?

Al acceder a la plataforma de *Orange* y al navegar por los distintos *widgets,* observarás que cada uno de ellos lleva incorporadas distintas funcionalidades. Todas esas tareas corresponden a técnicas de minería de datos basadas en componentes.

Data mining basada en componentes

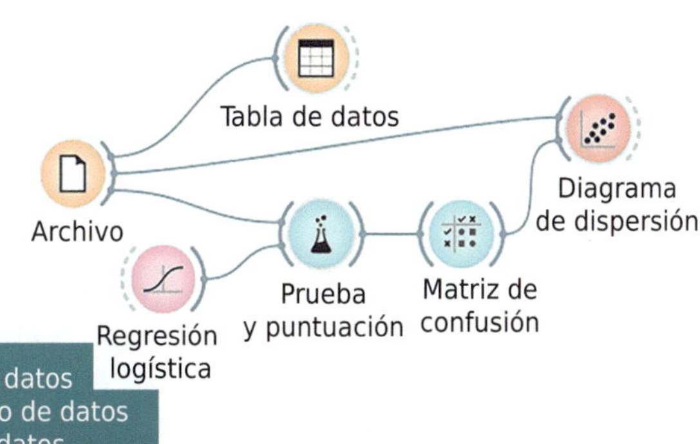

IMPORTANTE

La combinación de los distintos componentes *(widgets)* en los flujos de trabajo con *Orange* posibilita la creación de sencillos esquemas de analíticas de datos en tiempo real.

La visualización interactiva de *Orange* es algo que destacar en este *software*. Sin embargo, lo que verdaderamente se aprecia de esta increíble plataforma es la facilidad con la que se pueden llevar a cabo una **exploración interactiva de datos.**

El proceso de exploración descrito de una manera muy sencilla es el siguiente:

- **Comunicación entre componentes.** Los distintos componentes de *Orange* se comunican entre sí. Por ejemplo, un componente de archivo cuya tarea sea la de leer los datos, conecta su salida con otro componente como por ejemplo una tabla de datos. Como resultado se obtendrá un flujo de trabajo que está funcionando en tiempo real.
- **Recepción y envío de datos entre componentes.** Los componentes reciben datos sobre la entrada y envían datos procesados o ya filtrados. El envío puede ser modelos de IA o cualquier otro elemento que haga que se convierta en un *widget* de salida. Esto significa que, si existiera cualquier interacción que afectara a los datos de entrada, como por ejemplo cambiar un parámetro, automáticamente se propagarán los cambios de manera instantánea al siguiente flujo de trabajo. La respuesta de todos los componentes posteriores a un cambio es inmediata.

Orange posibilita la construcción de flujos de trabajo complejos al permitir distintas conexiones de componentes. De esta manera, es posible vislumbrar las respuestas de los modelos frente a una importante variedad de tareas.

SABÍAS QUE...

Para practicar sobre la marcha, *Orange* tiene cargada varias bases de datos, con las que puedes directamente trabajar y realizar una exploración de datos, a la par que vas aprendiendo a utilizar esta interesante herramienta.

Aprende a acceder a estas bases de datos siguiendo estos dos pasos:

Paso 1

Abre el componente seleccionado con doble clic. Accederás a distintas base de datos. Elige la que más te guste para practicar. Observarás que se trata de base de datos reales, ya que *Orange* hace una descripción e identifica correctamente la fuente.

Continúa en página siguiente >>

<< Viene de página anterior

Datasets

Search for data set …

Title	Size	Instances	Variables	Target		Tags
Bank Marketing	466.1 KB	4119	20	C	categorical	economy
Breast Cancer and Docetaxel Treatment	1.8 MB	24	9486	C	categorical	biology
Smoking effect on B lymphocytes	1.8 MB	79	3000	C	categorical	genomics
Bone marrow mononuclear cells with AML	582.0 KB	96	1000	C	categorical	genomics
HDI	65.1 KB	188	66	N	numeric	economy, geo
Abalone	187.5 KB	4177	8	N	numeric	biology
Adult	4.1 MB	32561	15	C	categorical	economy
Attrition - Predict	838 bytes	3	18	C	categorical	economy, synthetic, education
Attrition - Train	182.2 KB	1470	18	C	categorical	economy, synthetic
Auto MPG	17.3 KB	398	9	N	numeric	
Banking Crises	31.3 KB	211	73			time, economy
Bone Healing	11.6 KB	37	0	C	categorical	image analytics, biology
Breast Cancer Wisconsin	34.9 KB	683	10	C	categorical	biology
Breast Cancer	18.4 KB	286	10	C	categorical	biology
Pittsburg Bridges	6.1 KB	108	11			design
Baker's Yeast	95.7 KB	186	81	C	categorical	biology
Liver Disorders	7.2 KB	345	11	C	categorical	biology
Car Evaluation	50.7 KB	1728	6	C	categorical	synthetic
Conferences	2.3 KB	42	5			
Cyber Security Breaches	225.0 KB	1055	10			security, time, geo
Dermatology	30.9 KB	366	35	C	categorical	biology, medical
Development of Social Amoeba	15.5 KB	152	0	C	categorical	image analytics, biology
Illegal waste dumpsites in Slovenia	2.8 MB	13165	25			geo, timeseries, ecology
Foodmart 2000	4.0 MB	62560	126			economy, associate, basket
Forest Fires	31.3 KB	517	12	N	numeric	ecology
Glass	10.4 KB	214	10	C	categorical	physics, criminology
Grades for English and Math	265 bytes	12	3			synthetic, educational

Datasets. Fuente: Orange

Paso 2

Al seleccionar una de las bases de datos, te aparecerá en el margen inferior izquierdo una ventanita con una cifra. Pulsa sobre ella y te proporcionará detalles interesantes con los que trabajarás, como:

- Número de instancias
- Números de variables
- Números de características
- Porcentaje de valores perdidos
- *Target* y meta.

Continúa en página siguiente >>

<< Viene de página anterior

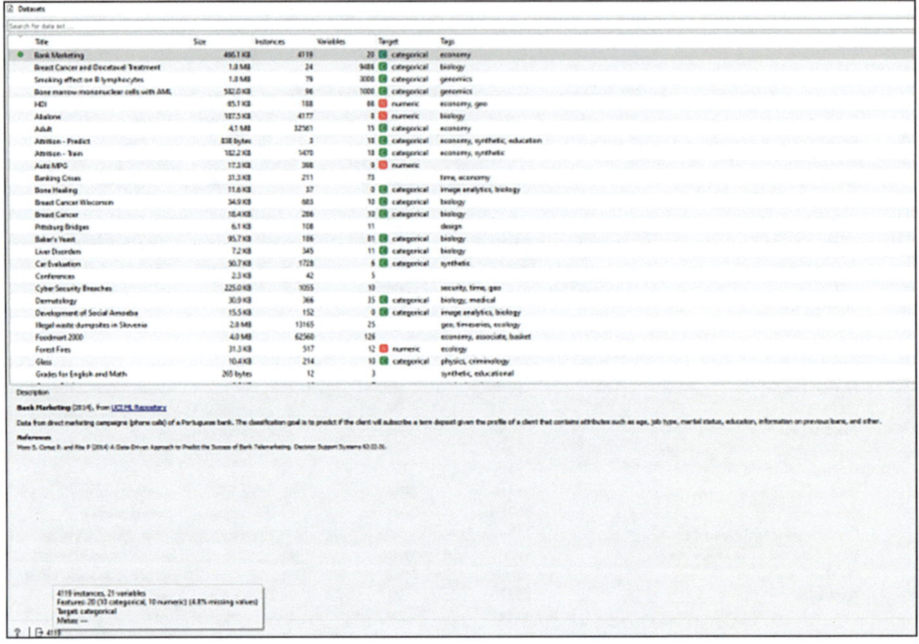

Datasets. Fuente: Orange

APLICACIÓN PRÁCTICA

Debido a la gran complejidad que supone el funcionamiento de su empresa, Matías está utilizando *Orange* para construir flujos de trabajo complejos. Esta labor le permitirá anticiparse a respuestas del mercado, pudiendo visualizar los resultados obtenidos tras analizar datos con los que está interactuando. Matías maneja distintos paquetes de variables, que han sido seleccionadas de una tabla. En primer lugar introduce datos de entrada a través de un componente de archivo. Posteriormente *Orange* los convierte con otra *widget* en una tabla. Finalmente, tras seleccionar de la tabla distintas variables, el resultado se muestra en una gráfica. Con el resultado Matías podrá observar distintas influencias de las variables.

Continúa en página siguiente >>

<< Viene de página anterior

¿Podrías indicar qué tipo de gráfica ha seleccionado el modelo de Matías para visualizar de forma interactiva el flujo de trabajo mostrado en la imagen?

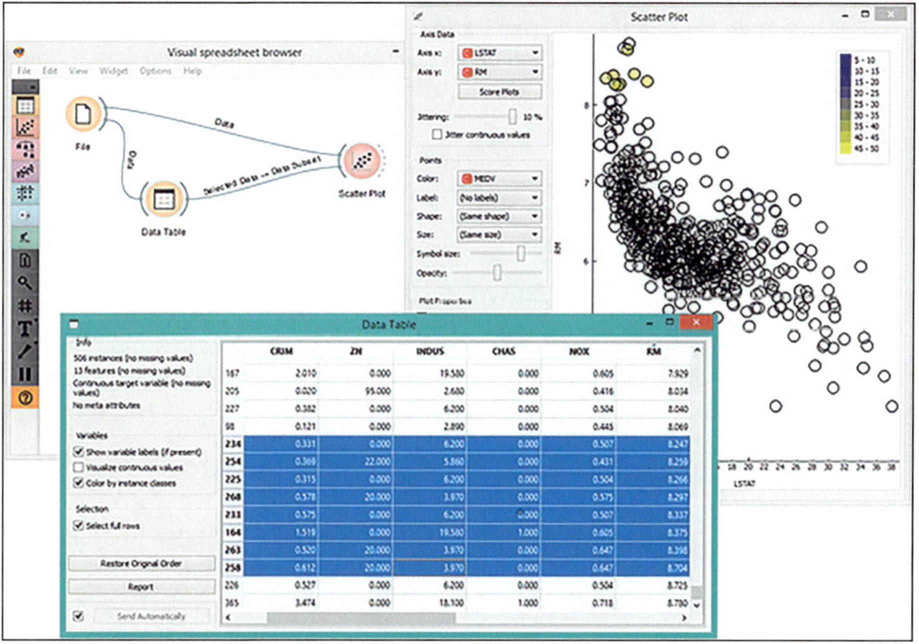

Flujo de trabajos complejos en Orange. Fuente: orangedatamining.com

Solución

Matías dispone de una visualización interactiva representado por un diagrama de dispersión. Parece que el objetivo de Matías es visualizar las correlaciones entre diferentes pares de variables o atributos seleccionados de una tabla.

TAREA 5

El negocio de Martín maneja un conjunto importante de datos. Él pretende utilizarlos para poder sacar provecho de todo ello, ya que ha averiguado que,

Continúa en página siguiente >>

<< Viene de página anterior

sin tener grandes conocimientos y empleando unas herramientas adecuadas, él mismo puede extraer información e incluso obtener una previsión de ventas.

Según esto, ayuda a Martín a crear su primer flujo de trabajo en *Orange*, interactuando con los elementos que forman parte de la caja de herramientas de esta plataforma. Para ello has de mostrarle cómo es un flujo de trabajo conectando varios componentes, incluido el de visualización (no es necesario cargar datos, solo mostrar cómo sería el orden de conexión entre componentes en un flujo de trabajo simple).

Construcción de un flujo de trabajo con base de datos propia

Es posible utilizar *Orange* para **crear un modelo de IA** utilizando una **base de datos propia.** *Orange* es una plataforma de análisis de datos y aprendizaje automático que permite a los usuarios lo siguiente:

- **Importar los datos:**

    - Abre *Orange* y selecciona el *widget File* para importar tu archivo de datos (puede ser en formatos como CSV, *Excel,* etc.).
    - Configura el *widget* para cargar tu base de datos.

- **Preprocesar los datos:**

    - Utiliza *widgets* como *Select Columns* para elegir las columnas relevantes.
    - Emplea el *widget Data Table* para visualizar y limpiar los datos si es necesario.
    - Puedes usar "Edit Domain" para cambiar los tipos de datos y "Continuize" para transformar datos categóricos a numéricos.

- **Dividir los datos:**

    - Usa el *widget Data Sampler* para dividir tu conjunto de datos en conjuntos de entrenamiento y prueba.

⊃ **Seleccionar un modelo:**

 ◑ Arrastra un *widget* de modelo como *Logistic Regression, Random Forest, Neural Network,* etc., según el tipo de análisis que deseas realizar.

⊃ **Entrenar el modelo:**

 ◑ Conecta el *widget* de datos de entrenamiento al *widget* del modelo para entrenar el modelo.

⊃ **Evaluar el modelo:**

 ◑ Utiliza *widgets* como *Test & Score* para evaluar el rendimiento del modelo.
 ◑ Conecta el *widget* de datos de prueba y el modelo al *widget Test & Score* para obtener métricas de evaluación como precisión, *recalls, F1 score,* etc.

⊃ **Visualizar los resultados:**

 ◑ Usa *widgets* de visualización como *Confusion Matrix, ROC Analysis* y *Scatter Plot* para interpretar los resultados.

Presta atención a un flujo de trabajo típico en *Orange* que permite a los usuarios crear y evaluar modelos de IA utilizando sus propias bases de datos.

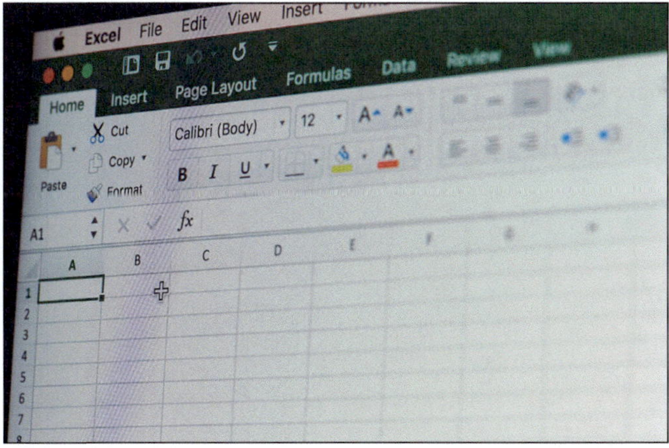

Orange admite la lectura de diversos formatos de bases de datos tales como Excel, archivos CSV, etc. Incluso admite la incorporación de datos a través de URL utilizando el programa de hojas de cálculo Google Sheets.

Pero antes ten claro cuál sería un ejemplo sencillo de esquema de trabajo:

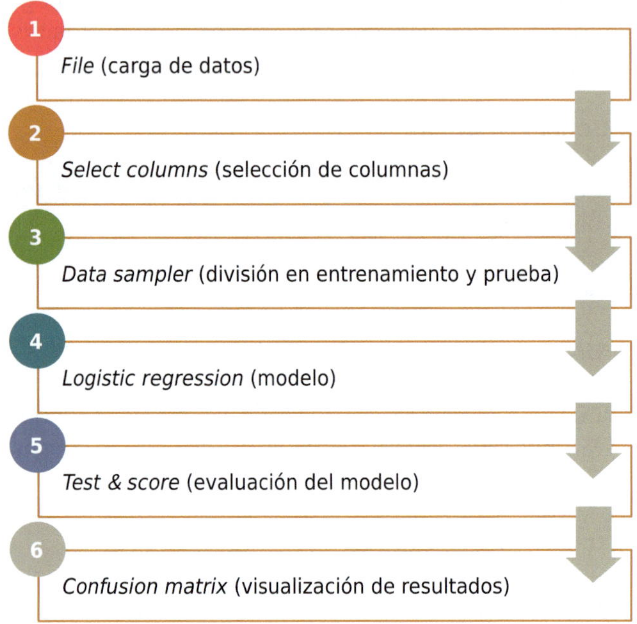

EJEMPLO

Con este ejemplo, se persigue conseguir el objetivo de construir un modelo de clasificación que prediga una variable objetivo utilizando las herramientas de *Orange.* El proceso sigue los siguientes pasos, que se pueden observar en las imágenes proporcionadas:

Continúa en página siguiente >>

<< Viene de página anterior

1. Carga del archivo de datos:

- *Widget* **File**

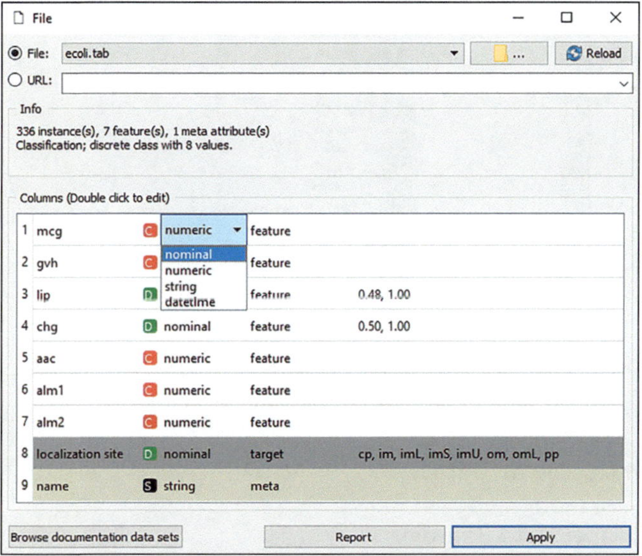

*Ejemplo de inicio de flujo de trabajo con **File**. Fuente Orange.*

El flujo comienza cargando el conjunto de datos desde el *widget* File, como se ve en la primera imagen. En este caso, se carga el archivo ecoli.tab, que contiene características numéricas y categóricas, con una columna objetivo llamada "localization site", que será la variable que intentaremos predecir. Configuración de las columnas: Aquí se definen las columnas como "numéricas", "nominales", "meta" u "objetivo", dependiendo de su tipo de dato y su función en el análisis.

2. Selección de columnas:

- *Widget* **Select Columns**

Una vez cargados los datos, el siguiente paso es seleccionar las columnas relevantes para el análisis. Este *widget* permite eliminar columnas innecesarias o seleccionar características específicas. Esto es clave para simplificar y optimizar el proceso de modelado. Observa la segunda imagen.

Continúa en página siguiente >>

<< Viene de página anterior

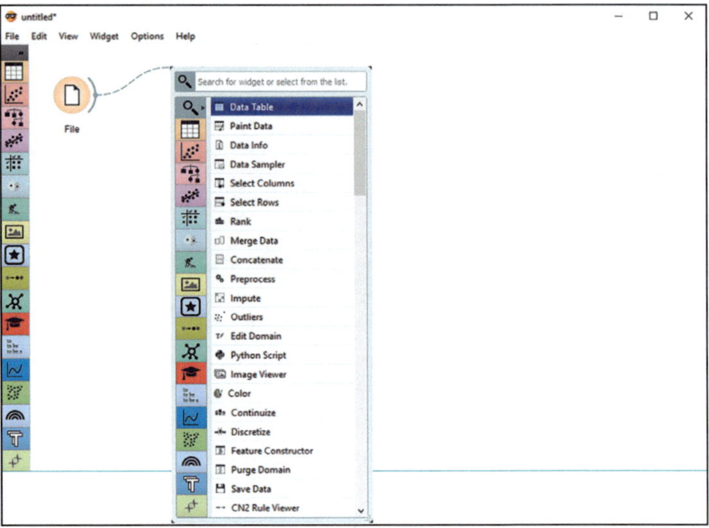

*Ejemplo flujo de trabajo **Select Columns**. Fuente Orange.*

3. Muestreo de datos:

- *Widget* **Data Sampler**

  Este *widget* divide el conjunto de datos en dos partes, una para entrenar el modelo, y otra para probar su rendimiento. En la tercera imagen, se puede ver cómo se realiza una división del conjunto de datos, utilizando un muestreo del 70 % para el entrenamiento y el 30 % restante para la prueba.

Continúa en página siguiente >>

<< Viene de página anterior

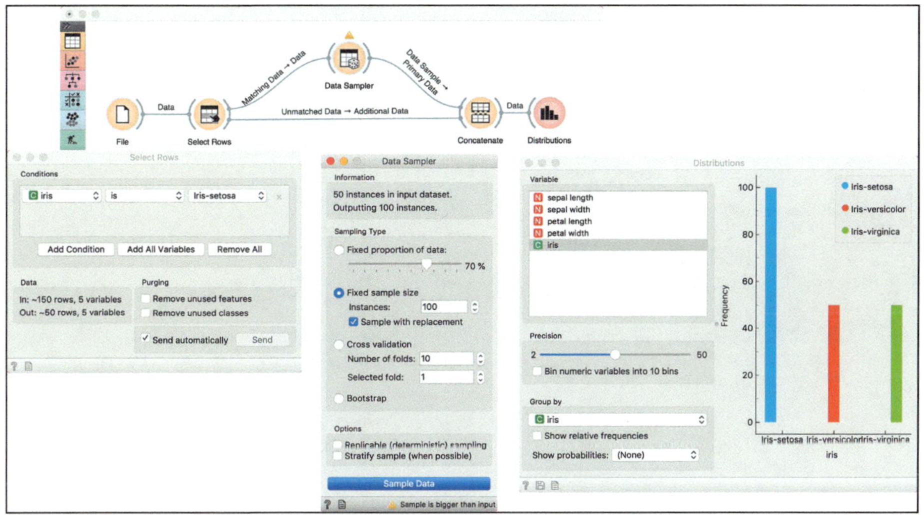

*Ejemplo flujo de trabajo **Data Sampler.** Fuente Orange.*

También se puede ajustar el tamaño de muestra o realizar un muestreo determinístico para garantizar la replicabilidad del experimento.

4. Creación del modelo:

- *Widget* **Logistic Regression**

En la cuarta imagen, se muestra cómo se puede utilizar el modelo de Regresión Logística para predecir la clase objetivo. Este *widget* permite ajustar parámetros como el tipo de regularización o Ridge y la fuerza de regularización. El modelo se entrena utilizando los datos de entrenamiento seleccionados en pasos anteriores.

Continúa en página siguiente >>

<< Viene de página anterior

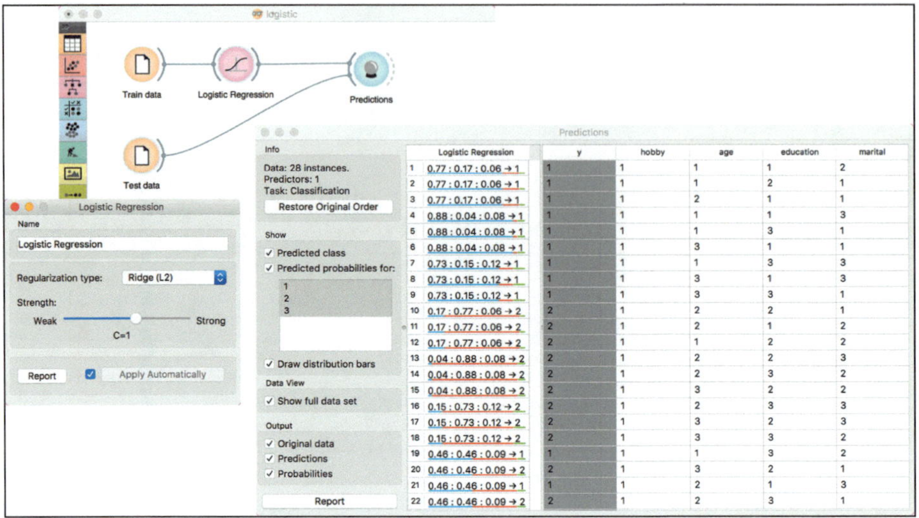

*Ejemplo flujo de trabajo **Logistic Regression**. Fuente Orange.*

5. Evaluación del modelo:

• *Widget* **Test & Score**

Después de entrenar el modelo, se evalúa su rendimiento usando este *widget,* que se observa en la quinta imagen. En ella se muestran las métricas de evaluación como AUC, precisión, F1-score, etc.

Continúa en página siguiente >>

<< Viene de página anterior

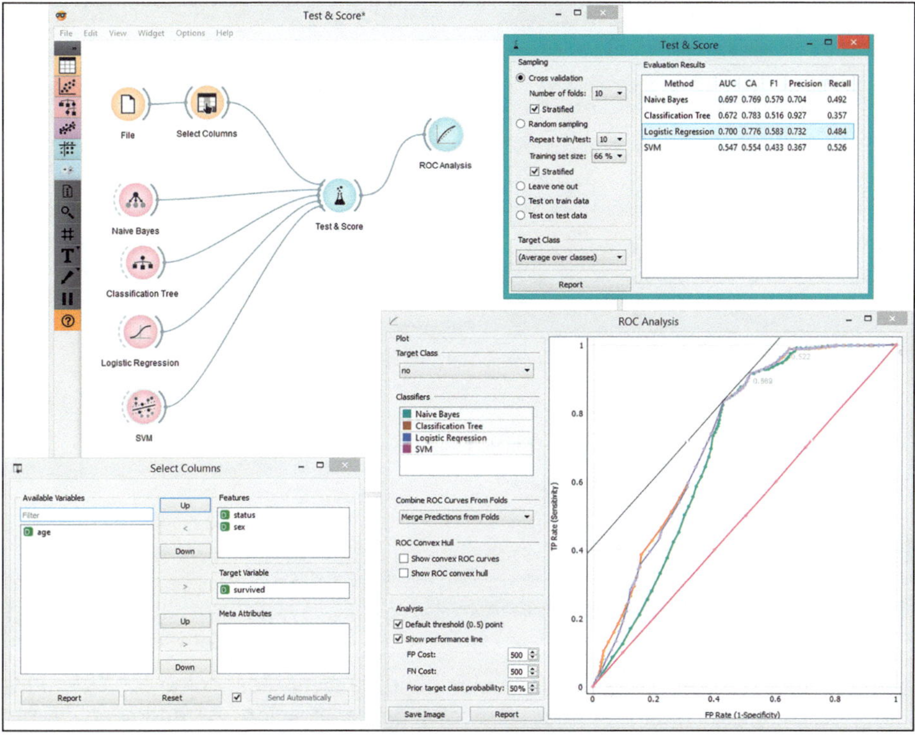

*Ejemplo flujo de trabajo **Test & Score**. Fuente Orange.*

Al mismo tiempo, se realiza una Análisis ROC para comparar el rendimiento del modelo con otras técnicas de clasificación como Naive Bayes, Árboles de Clasificación y SVM.

6. Visualización de los resultados:

• *Widget* **Confusion Matrix**

Finalmente, los resultados del modelo se visualizan a través de una matriz de confusión que muestra las predicciones correctas e incorrectas, permitiendo evaluar la efectividad del modelo en la clasificación de las distintas clases. Esto se puede observar en la última imagen, donde se compara la predicción de clases como Iris-setosa, Iris-versicolor, e Iris-virginica con los resultados reales.

Continúa en página siguiente >>

<< Viene de página anterior

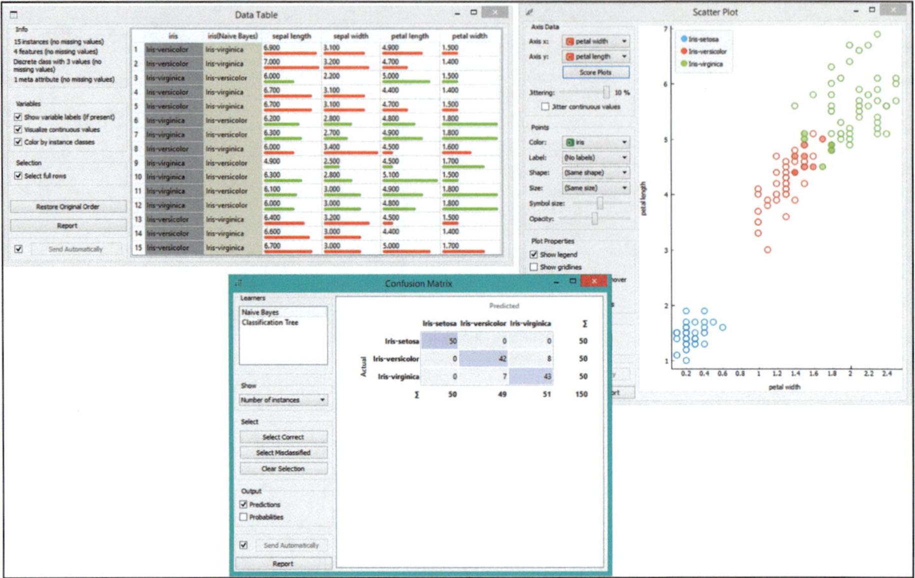

Ejemplo flujo de trabajo Confusión Matrix. Fuente Orange.

Este flujo de trabajo sirve de ejemplo para comprobar cómo con *Orange* se puede construir y evaluar un modelo de clasificación utilizando una interfaz visual intuitiva y potente. Este enfoque facilita la comprensión y el análisis de datos de forma estructurada y accesible.

TAREA 6

La empresa de Carlos, dedicada al sector automovilístico, quiere hacer uso del aprendizaje automático para hacer previsiones de ventas. Para ello creó un modelo de decisión con el que trabajar una importante base de datos.

Para iniciar el camino de construcción de este modelo de decisión, Carlos va a utilizar una base de datos del *widget* Datasets de *Orange* denominada Car Evaluation. Este conjunto de datos incluye seis atributos, entre los que está el precio de compra, el mantenimiento, el número de pasajeros y el tamaño del maletero. La idea es poder evaluar la utilidad de los vehículos desde el enfoque del consumidor.

Continúa en página siguiente >>

<< Viene de página anterior

Según esto, prepara un modelo de *machine learning* paso a paso para ser entrenado, creando un flujo de trabajo en la plataforma de *Orange* con árboles de clasificación.

---

7. Integración en plataformas de terceros, páginas web y redes sociales

👉 HILO CONDUCTOR

Finalmente, para maximizar el alcance y la utilidad de su aplicación, el equipo trabajó en la integración con plataformas de terceros, páginas web y redes sociales. Utilizando API y herramientas de integración, podrían compartir datos y funcionalidades entre esta aplicación y otras plataformas, mejorando la experiencia del usuario y ampliando su base de usuarios.

La integración de sistemas de inteligencia artificial y *big data* en plataformas de terceros, páginas web y redes sociales se vuelve aún más poderosa con la tecnología 5G. Esto permite una interacción más fluida y personalizada con los usuarios, así como una recopilación y análisis de datos más exhaustivos en tiempo real, lo cual sirve de impulso para la toma de decisiones empresariales y mejorar la experiencia del cliente.

La integración de IA en plataformas de terceros, páginas web y redes sociales requiere de una gestión cuidadosa de incidencias y una toma de decisiones responsable. Al seguir estos principios, se puede garantizar una implementación efectiva que maximice los beneficios de la IA mientras se minimizan los riesgos y se asegura el cumplimiento ético y legal.

A continuación, se describen algunas pautas importantes que permitan una gestión de resolución de incidencias, conflictos y problemas durante la integración de la IA en plataformas de terceros, páginas web y redes sociales:

1. **Identificación de incidencias y problemas.** Antes de resolver cualquier problema, es fundamental identificarlo correctamente. Las incidencias

pueden variar desde errores técnicos hasta problemas de compatibilidad o preocupaciones de nivel ético.
Pasos para la identificación:

- **Monitoreo continuo.** Utilizar herramientas de monitoreo para supervisar el rendimiento y la funcionalidad de la IA.
- **Recolección de *feedback*.** Recoger comentarios de los usuarios para detectar problemas que pueden no ser evidentes a simple vista.
- **Revisión de *logs*.** Examinar los registros de actividad para identificar errores o comportamientos anómalos.

2. **Análisis de la incidencia.** Una vez identificado un problema, el siguiente paso es analizarlo para comprender su origen y alcance.
   Métodos de análisis:

   - **Diagnóstico técnico.** Revisar el código y la arquitectura para identificar errores de implementación.
   - **Evaluación de datos.** Verificar la calidad y la integridad de los datos que la IA está utilizando.
   - **Pruebas A/B.** Implementar pruebas controladas para comparar el rendimiento de diferentes versiones del sistema.

3. **Resolución de problemas.** Con el análisis en mano, ya se pueden desarrollar soluciones efectivas.
   Estrategias de resolución:

   - **Corrección de errores.** Modificar el código o los datos para corregir errores técnicos.
   - **Ajustes en el modelo.** Refinar los algoritmos de IA para mejorar su rendimiento y precisión.
   - **Actualizaciones y parcheos.** Implementar actualizaciones de *software* para solucionar problemas y mejorar la funcionalidad.

4. **Gestión de conflictos.** Durante la integración de la IA, pueden surgir conflictos entre equipos o con los propios usuarios de la aplicación.
   Manejo de conflictos:

   - **Comunicación efectiva.** Establecer canales claros de comunicación entre todos los involucrados.
   - **Mediación.** Actuar como mediador neutral para resolver desacuerdos de manera equitativa.
   - **Capacitación.** Ofrecer formación y recursos para ayudar a los equipos a adaptarse a los cambios tecnológicos.

5. **Prevención de futuros problemas.** Una vez resueltos los problemas, es importante tomar medidas preventivas.
Medidas preventivas:

- **Pruebas regulares.** Realizar pruebas y auditorías periódicas para detectar problemas potenciales antes de que ocurran.
- **Mejora continua.** Implementar un ciclo de mejora continua basado en el *feedback* y los datos de rendimiento.
- **Documentación completa.** Mantener una documentación detallada de los problemas y las soluciones aplicadas para futuras referencias.

Es muy importante tomar decisiones responsables durante la Integración en plataformas de terceros, páginas web y redes sociales. La integración de IA en plataformas de terceros, páginas web y redes sociales debe realizarse de manera responsable, teniendo en cuenta las exigencias de la LOPDGDD y otras normativas más específicas que nacen relacionadas con inteligencia artificial. De partida, la LOPDGDD es la ley que proporciona un marco esencial para proteger los datos personales, garantizando que se respeten los derechos de los individuos y se mantenga la confianza del público.

 **RECUERDA**

Al tomar decisiones responsables, las empresas, organizaciones y profesionales no solo cumplen con la ley, sino que también demuestran su compromiso con la ética y la seguridad en el uso de tecnologías avanzadas como la inteligencia artificial.

Estos son los pasos que se dan antes de implementar un sistema inteligente en plataformas de terceros, páginas web y redes sociales:

1. **Evaluación del impacto.** Antes de integrar la IA, es esencial evaluar su impacto potencial en las plataformas y en los usuarios. Los pasos para la evaluación son:

- **Análisis de riesgos.** Identificar los posibles riesgos para la seguridad, la privacidad y la ética.
- **Consultas con *stakeholders*.** Involucrar a todas las partes interesadas para obtener una visión holística del impacto.
- **Pruebas piloto.** Implementar pruebas piloto para evaluar el impacto en un entorno controlado.

2. **Consideraciones éticas y legales.** La integración de IA debe adherirse a las normativas legales y a los estándares éticos. Los aspectos clave son:

   ○ **Privacidad de datos.** Garantizar la protección de los datos personales y cumplir con las regulaciones como el GDPR.
   ○ **Transparencia.** Asegurar que los usuarios comprendan cómo y por qué se utiliza la IA.
   ○ **Equidad.** Evitar sesgos en los algoritmos que puedan perjudicar a ciertos grupos de usuarios.

3. **Toma de decisiones basada en datos.** Las decisiones deben fundamentarse en datos sólidos y análisis rigurosos. Los enfoques basados en datos son:

   ○ **Análisis cuantitativo.** Utilizar métricas y análisis estadísticos para informar las decisiones.
   ○ **Retroalimentación de usuarios.** Incorporar el *feedback* de los usuarios para ajustar y mejorar la IA.
   ○ ***Benchmarking.*** Comparar el rendimiento con estándares de la industria para asegurar la competitividad.

4. **Implementación responsable.** La implementación debe ser cuidadosa y bien gestionada. Las estrategias de implementación son:

   ○ **Despliegue gradual.** Introducir la IA de manera gradual para monitorear su impacto y hacer los ajustes necesarios.
   ○ **Capacitación de usuarios.** Proveer formación y recursos para que los usuarios comprendan y se adapten a la IA.
   ○ **Supervisión continua.** Monitorear continuamente el desempeño y el impacto de la IA para hacer mejoras continuas.

5. **Responsabilidad y rendición de cuentas.** Es fundamental mantener un sentido de responsabilidad y rendición de cuentas en todo el proceso de integración. Los mecanismos de responsabilidad son:

   ○ **Auditorías regulares.** Realizar auditorías para asegurar el cumplimiento de las políticas y regulaciones.
   ○ **Transparencia en la comunicación.** Mantener a los usuarios informados sobre los cambios y los motivos detrás de ellos.
   ○ ***Feedback loop.*** Establecer un bucle de retroalimentación continuo para recibir y actuar sobre los comentarios de los usuarios y *stakeholders.*

 **EJEMPLO**

Un comercio electrónico decide integrar una solución de inteligencia artificial en su plataforma para mejorar la experiencia del usuario mediante recomendaciones personalizadas y *chatbots* automatizados. La solución de IA es proporcionada por un proveedor externo. Se topa con varios problemas a los que le busca la solución.

Problemas técnicos

Compatibilidad del sistema

Problema

La API del proveedor de IA no es completamente compatible con la infraestructura existente de la empresa de comercio electrónico, causa errores y mal funcionamiento.

Resolución

Se requiere una modificación significativa en la infraestructura tecnológica de la empresa para asegurar la compatibilidad, lo que implica tiempo y recursos adicionales.

Calidad de datos

Problema

La IA necesita grandes volúmenes de datos de clientes para funcionar correctamente. Sin embargo, los datos existentes están fragmentados y contienen inconsistencias.

Resolución

Se debe implementar un proceso de limpieza y unificación de datos antes de poder utilizar la IA de manera efectiva.

Conflictos internos

* Resistencia al cambio

Continúa en página siguiente >>

<< Viene de página anterior

Problema

Algunos empleados del departamento de TI y del equipo de atención al cliente muestran resistencia a la integración de la IA, preocupados por la posible pérdida de empleo y la alteración de los procesos de trabajo existentes.

Resolución

Se organizan sesiones de formación y talleres para explicar los beneficios de la IA y cómo puede mejorar su trabajo, además de ofrecer seguridad sobre la preservación de sus roles con nuevas responsabilidades.

- Prioridades divergentes

Problema

El equipo de *marketing* está ansioso por lanzar la nueva funcionalidad de IA para capitalizar las campañas de ventas estacionales, mientras que el equipo de TI insiste en realizar más pruebas para asegurar la estabilidad del sistema.

Resolución

La dirección establece un cronograma equilibrado que permite suficiente tiempo para pruebas sin comprometer las fechas clave de las campañas de *marketing.*

Problemas éticos y legales

- Privacidad de datos

Problema

La integración de IA implica el manejo de datos sensibles de clientes, lo que plantea preocupaciones sobre el cumplimiento de la LOPDGDD y el GDPR.

Resolución

Se debe realizar una evaluación de impacto de protección de datos (DPIA) y ajustar las políticas de privacidad para asegurar el cumplimiento legal, incluyendo la obtención de consentimiento explícito de los usuarios para el uso de sus datos en IA.

- Transparencia y sesgo

Continúa en página siguiente >>

<< Viene de página anterior

Problema

La IA comienza a mostrar recomendaciones que, aunque optimizadas para ventas, resultan ser sesgadas y no inclusivas, lo que afecta negativamente a ciertos grupos de usuarios.

Resolución

Se revisa el modelo de IA para identificar y corregir los sesgos, además de establecer mecanismos de transparencia para que los usuarios entiendan cómo se generan las recomendaciones.

Antes el escenario de conflicto con el proveedor de IA, el comercio electrónico detecta que el proveedor de IA ha subcontratado parte del desarrollo a terceros sin notificarlo previamente. Esta situación genera varias preocupaciones: relacionadas con la calidad y control, la seguridad de los datos.

1. La empresa teme que la subcontratación afecte la calidad del servicio y el control sobre los datos.
2. Existen preocupaciones sobre la seguridad de los datos, al ser manejados por múltiples entidades.

La resolución del conflicto parte de una reunión de negociación. La empresa organiza una reunión con el proveedor de IA para discutir las implicaciones de la subcontratación. Se establece la necesidad de un mayor control y supervisión sobre cómo y dónde se manejan los datos. Luego, se revisan y ajustan los términos del contrato para incluir cláusulas específicas sobre la subcontratación y la protección de datos, se incorpora un requisito de notificación previa y aprobación para cualquier futura subcontratación, se acuerda realizar auditorías de seguridad periódicas para asegurar que los datos se manejan de acuerdo con las políticas de la empresa y la LOPDGDD, donde el proveedor de IA debe proporcionar informes detallados sobre las medidas de seguridad implementadas por los subcontratistas.

Abordar problemas de manera proactiva y colaborativa, asegurando el cumplimiento de las leyes de protección de datos y manteniendo la transparencia y la comunicación abierta, es esencial para una implementación exitosa y responsable de sistemas inteligentes.

8. Resumen

El procesamiento del lenguaje natural (NLP) requiere de técnicas como la conversión de texto a voz (TTS) y voz a texto (STT), lo que facilita la interacción entre humanos y máquinas.

Herramientas como *Gemini* y *Vertex* AI permiten generar código basado en descripciones en lenguaje natural. Esto permite simplificar el desarrollo de *software* y aplicaciones, especialmente en contextos de *big data* y *blockchain*.

La integración de IA en plataformas de terceros, páginas web y redes sociales mejora la funcionalidad y la experiencia de las personas usuarias. Herramientas como *Orange* y *Weka* permiten la visualización interactiva de datos y la creación de flujos de trabajo eficientes. Estos flujos de trabajo incluyen multitud de algoritmos de *machine learning* y bases de datos propias, lo que facilita la toma de decisiones y el manejo responsable de programas y algoritmos de IA en entornos dinámicos.

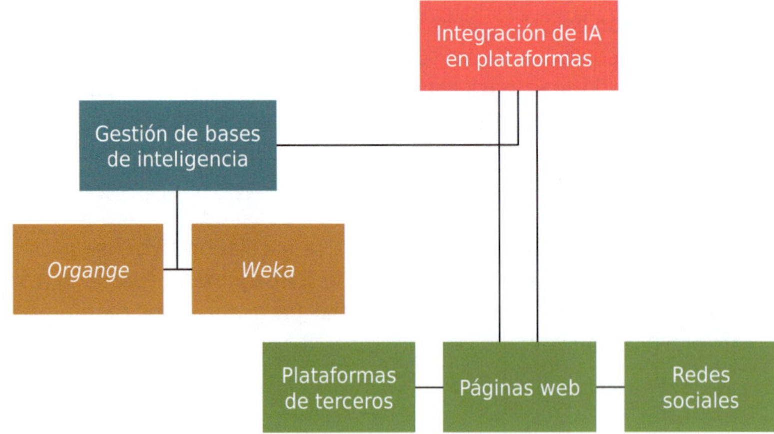

Ejercicios de autoevaluación
Unidad de Aprendizaje 2

1. Indica si las siguientes afirmaciones son verdaderas o falsas:

a. La era digital está marcada por un volumen de datos sin precedentes. Esto impulsa la necesidad de utilizar tecnologías avanzadas para procesar y analizar los datos con eficiencia y eficacia.

- ■ Verdadero
- ■ Falso

b. El siglo XXI ha sido testigo de una explosión sin precedentes en la cantidad de datos generados por individuos, empresas y dispositivos. Este fenómeno ha dado lugar al paradigma de las TIC, concepto que hace referencia a la gestión y análisis de conjuntos de datos extremadamente grandes y complejos que no pueden ser manejados por las herramientas de procesamiento de datos tradicionales.

- ■ Verdadero
- ■ Falso

c. *Big data* ha revolucionado la recolección de información, la infraestructura de almacenamiento, los repositorios analíticos, los métodos de análisis y los objetivos empresariales. Este cambio ha sido fundamental para la evolución de las estrategias de negocio y la toma de decisiones basadas en datos.

- ■ Verdadero
- ■ Falso

2. ¿Cuál es el proceso estructurado que permite a las empresas transformar grandes volúmenes de datos en inteligencia accionable?

a. Recopilación, almacenamiento, procesamiento, análisis e interpretación de datos.
b. Recolección, análisis, implementación y distribución de datos.
c. Obtención, transformación, transporte y aplicación de datos.
d. Almacenamiento, análisis, interpretación y publicación de datos.

3. ¿Cuál es uno de los principales beneficios de construir un proyecto de *big data* para una empresa?

    a. Reducir el número de empleados necesarios.
    b. Mejorar la toma de decisiones y personalizar la experiencia del cliente.
    c. Aumentar la cantidad de datos almacenados.
    d. Apostar por la tecnología innovadora para ganar visibilidad.

4. ¿Qué importante beneficio ofrecen herramientas como *Power BI, Grafana* y *Tableau*?

    a. Almacenamiento seguro de grandes volúmenes de datos
    b. Reducción del tamaño de los conjuntos de datos
    c. Eliminación de la necesidad de algoritmos de aprendizaje automático
    d. Visualización atractiva de datos para obtener *insights* y tomar mejores decisiones.

5. ¿Por qué es crucial el proceso de iterar en la última fase de un proyecto de *big data* en un entorno VUCA?

    a. Porque garantiza la seguridad de los datos.
    b. Porque permite reducir costes operativos.
    c. Porque asegura una rápida adaptación y respuesta a los cambios rápidos y necesidades cambiantes.
    d. Porque facilita la eliminación de datos redundantes.

6. ¿Cuál es la misión principal de un arquitecto de datos en un entorno de *big data*?

    a. Realizar análisis de datos y generar informes.
    b. Diseñar y mantener la infraestructura para gestionar el ciclo de vida completo de los datos.
    c. Crear algoritmos de aprendizaje automático.
    d. Supervisar la seguridad de la base de datos.

7. ¿Cuál de las siguientes opciones es una biblioteca de aprendizaje automático que se ejecuta sobre *Hadoop* y permite construir y aplicar algoritmos de *machine learning* directamente en un clúster de *Hadoop*?

    a. Apache Spark
    b. Hive
    c. HDFS
    d. Apache Mahout

8. ¿Cuál de las siguientes herramientas se utiliza para ejecutar consultas y transformaciones de datos en *Hadoop* utilizando SQL?

    a. Apache Spark
    b. Apache Mahout
    c. Hive
    d. HDFS

9. ¿Cuál de las siguientes opciones describe mejor los datos semiestructurados?

    a. Los datos que están organizados en un formato fijo, como tablas en bases de datos relacionales.
    b. Los datos que son organizados en estructuras de árbol jerárquicas, como XML o JSON.
    c. Los datos que no siguen un formato predefinido, como textos libres o imágenes.
    d. Los datos que tienen una estructura flexible que no se ajusta completamente a un modelo rígido, pero contienen etiquetas y elementos organizativos.

10. ¿Cuál es una de las principales diferencias entre las redes neuronales profundas y los sistemas expertos?

    a. Las redes neuronales profundas utilizan reglas basadas en conocimiento para tomar decisiones, mientras que los sistemas expertos aprenden patrones de datos.
    b. Las redes neuronales profundas están formadas por múltiples capas de neuronas artificiales que procesan datos jerárquicamente, mientras que los sistemas expertos aplican reglas predefinidas y conocimientos específicos.

c. Los sistemas expertos están inspirados en la estructura del cerebro humano, mientras que las redes neuronales profundas emulan el juicio de un ser humano.
d. Las redes neuronales profundas se utilizan principalmente en diagnóstico médico y asesoramiento financiero, mientras que los sistemas expertos son aplicados en reconocimiento de imágenes y procesamiento de lenguaje natural.

Glosario

Algoritmo de aprendizaje automático
Conjunto de instrucciones lógicas diseñadas para permitir que una máquina aprenda patrones a partir de datos y realice tareas específicas sin una programación explícita.

Análisis de sentimientos
Proceso de identificar, extraer y cuantificar opiniones, actitudes y emociones expresadas en datos no estructurados, como texto o comentarios en redes sociales.

API (interfaz de programación de aplicaciones)
Conjunto de reglas y protocolos que permiten a diferentes aplicaciones comunicarse entre sí y compartir datos y funcionalidades.

Big data
Conjunto de tecnologías capaces de almacenar, procesar y analizar datos extremadamente grande y complejo que requiere técnicas especiales de procesamiento para extraer información significativa.

Ciencia de datos
Campo interdisciplinario que utiliza métodos, procesos, algoritmos y sistemas científicos para extraer conocimiento y comprensión de datos estructurados y no estructurados.

Clusterización
Técnica de análisis de datos utilizada para agrupar conjuntos de datos similares en grupos o clústeres basados en características comunes.

Data mart
Subconjunto de un almacén de datos que se enfoca en un área específica de interés, como el área de ventas de una empresa o como el departamento de RR. HH.

Data mining
Proceso de descubrimiento de patrones y relaciones en grandes conjuntos de datos para identificar información relevante.

Deep learning
Subcampo del aprendizaje automático que utiliza redes neuronales artificiales con múltiples capas de procesamiento para modelar y aprender patrones complejos en datos.

Explotación de datos
Proceso de utilizar datos recolectados para obtener información valiosa y aplicar esos conocimientos para tomar decisiones basadas en información de valor.

Expertise
Conocimiento y habilidades especializadas adquiridas a través de la experiencia y la formación en un campo específico.

Feature engineering
Proceso de seleccionar, extrapolar y transformar características o variables relevantes de los datos para mejorar el rendimiento de los modelos de aprendizaje automático.

Forma clausal
Representación de expresiones lógicas en forma de cláusulas, comúnmente utilizada en lógica matemática y en algoritmos de resolución.

Granularidad
Nivel de detalle de los datos en un conjunto de datos o informe.

Innovación tecnológica
Introducción de nuevas tecnologías o la mejora significativa de las existentes para resolver problemas, mejorar procesos y crear nuevas oportunidades.

Inteligencia artificial (IA)
Campo de la informática que se centra en el desarrollo de sistemas y algoritmos capaces de realizar tareas que normalmente requieren inteligencia humana, como el aprendizaje, la percepción, el razonamiento y la toma de decisiones.

Interpretabilidad de un modelo IA
Capacidad de un modelo de inteligencia artificial para ser entendido y explicado en términos comprensibles por los humanos, facilitando la comprensión de cómo toma decisiones.

Machine learning (aprendizaje automático)

Subcampo de la inteligencia artificial que se centra en el desarrollo de algoritmos y modelos que permiten a las máquinas aprender patrones a partir de datos y mejorar su rendimiento con la experiencia, sin necesidad de programación explícita.

Modelo predictivo

Modelo estadístico o computacional que utiliza datos históricos para predecir eventos futuros o resultados basados en diferentes variables y características.

Motor de inferencia

Componente de un sistema de inteligencia artificial que aplica las reglas y el conocimiento almacenado en una base de datos para deducir nuevas informaciones y tomar decisiones.

Procesamiento en tiempo real

Procesamiento de datos que se realiza de manera instantánea o casi instantánea, lo que permite tomar decisiones rápidas basadas en las informaciones más recientes disponibles.

Redes neuronales

Modelo computacional inspirado en el sistema nervioso central de los humanos, utilizado en el aprendizaje automático para modelar y resolver problemas complejos basados en datos.

Sesgos tecnológicos

Tendencias o prejuicios no intencionados introducidos en el diseño o funcionamiento de tecnologías, que pueden resultar en resultados injustos o no equitativos.

Tecnología 5G

Quinta generación de tecnologías de redes móviles. Ofrece velocidades de datos significativamente mayores, menor latencia y mayor capacidad para soportar un número masivo de dispositivos conectados.

Tecnología disruptiva

Innovación tecnológica que crea una nueva categoría de productos o servicios y altera de manera significativa el mercado o la industria existente, eventualmente desplazando tecnologías, productos o modelos de negocio tradicionales.

Tecnología inmersiva

Tecnología que crea una experiencia digital envolvente, como la realidad virtual (VR) y la realidad aumentada (AR), que permite a los usuarios interactuar con entornos digitales de manera más natural y efectiva.

Visualización de datos

Representación gráfica de datos e información para facilitar la comprensión, el análisis y la interpretación de patrones, tendencias y relaciones en los datos.

Bibliografía

→ BODEN, M.: *Inteligencia artificial*. Madrid: Colección AZ, 2022.

Libro que trata sobre los desafíos éticos de la inteligencia artificial.

→ GILBERT, M.: *El diseño de sistemas expertos en inteligencia artificial utilizando prólogo*. Publicación independiente, 2021.

Libro que aborda cómo construir la representación del conocimiento en un sistema experto.

→ LÓPEZ Benítez, Y.: *Business Intelligence*. Antequera: IC Editorial, 2019.

Publicación que abordar las tecnologías que conforman la inteligencia de negocios.

→ LÓPEZ Benítez, Y.: *Transformación digital en la empresa*. Antequera: IC Editorial.

Publicación que abordar el proceso de transformación de las organizaciones en la Era digital.

→ LÓPEZ Benítez, Y.: *Inteligencia artificial aplicada a la empresa*. Antequera: IC Editorial, 2022.

Publicación que aborda la implementación de la IA en las organizaciones.

› LÓPEZ Benítez, Y.: *Introducción a la inteligencia artificial y los algoritmos*. Antequera: IC Editorial, 2023.

Publicación que aborda los fundamentos básicos de la IA y los algoritmos de aprendizaje automático.

→ MIRALLES Solé, J.: *Proyectos de Inteligencia Artificial*. Autopublicación, 2020.

Libro que da respuesta a cómo se abordan los proyectos de inteligencia artificial en la empresa actual.

Textos electrónicos

→ Aprendizaje adaptativo: cómo aplicarlo en el aula y el trabajo, de: <https://blogthinkbig.com/aprendizaje-adaptativo-como-aplicarlo-aula-trabajo>.

> Artículo que trata sobre las plataformas de aprendizaje adaptativo.

→ Decodigo: *Librerías Más Usadas en Python*, de: <https://decodigo.com/2019/03/librerias-mas-usadas-python.html>.

> Artículo web que aporta resursos interesantes sobre el uso de librerías de Python para principiantes.

→ El desarrollo de las tecnologías TIC y los dispositivos inteligentes ha traído consigo un incremento desmesurado del flujo mundial de datos, de: <https://es.statista.com/temas/3604/big-data/#topicOverview>.

> Artículo que proporciona una visión general sobre el mundo de los datos destacando la importancia y el impacto del *big data* en el mundo actual.

→ OpenWebinars. APACHE SPARK vs HADOOP, de: <https://youtu.be/g2ibl_-pHvQ>.

> Vídeo que ofrece una comparativa detallada entre dos de las tecnologías más importantes en el ecosistema del *big data: Apache Spark* y *Hadoop*. En el vídeo se analizan las diferencias fundamentales en términos de arquitectura, velocidad de procesamiento, facilidad de uso y casos de uso específicos para cada una de estas plataformas. Esta comparación es esencial para entender cuál de estas herramientas es más adecuada para diferentes escenarios de procesamiento de datos y análisis.

→ ¿Qué es el procesamiento del lenguaje natural (NLP)?, de: <https://www.ibm.com/es-es/topics/natural-language-processing>.

> Artículo que aborda en profundidad cómo las máquinas procesan el lenguaje natural, además de aportar recursos de interés.